愛せるように
なるために

—— 依存でもなく、支配でもなく ——

塩瀬晶子

鳥影社

はじめに

「お父さんとお母さんの仲がいい家の子はうまく育つ」。長く障害児教育にたずさわっていた人が言っていた。「お父さんとお母さんの仲がいいと、子どもの教育は本当にうまくいく。とても成長するの」その人は何度もくり返していた。

「私のいとこたちはとっても性格がいいんだけど、叔父と叔母の仲がいいんだよねー」と言っていた人もいる。「叔母は叔父の写真を見てウットリして、『カッコいいでしょう？』なんて言うんだよ」とも言っていた。その人のいとこたちは、明るくてすなおで、とても感じがいいそうだ。

両親の仲がいいと、子どもはすくすくと順調に成長できるらしい。「お父さんとお母さんがまず仲良くすることよね」と、さきほどの、特別支援学級で長年障害児教育をしてきた先生は言う。「子どものためには、親がまず仲がいいこと、それにつきる。これが、私が長い間教育現場にいて出した結論」というのだ。

両親の仲がいいと、子どもはもてる能力を伸ばすことができ、しかもとても円満な性格になるらしい。ああ、たしかにそのとおりだろうなあと思う。でも、それでは、そんな仲のよい両親のもとに生まれなかった子どもはどうなるのだろう。

子どもは親を選んで生まれてくることができない。仲が悪くて、いつもケンカばかりしているような両親のもとに生まれてきた子どもはどうすればいいのだろう。冷え切った関係の両親のもとで育つしかない子どもは、いったいどんな大人になるのだろう。

それから、子どものためには親がまず仲よくしなければいけないからと言って、仲よくなんてできるものだろうか。そう思っても仲よくできないから、みんな悩んだり苦しんだりするのではないだろうか。

お父さんとお母さんが仲よくすることは、そんなに簡単なことではないと思う。お父さんとお母さんが仲よくすれば子どもは幸せになれる。でもそれができない。だから、お父さんとお母さんは、どうして仲よくできないのか、と考えることから始めるしかないと思うのだ。

私の両親は、まともにケンカもできない夫婦だった。二人がお互いの思いをぶつけ合っているところを見たことがない。子どもの前ではケンカをしないと決めていた？　いやいやそうとも思えない。父は自分の興味のあることにしか目の向かない人だったし、母はなぜかそんな父に遠慮して、自分の不満を伝えることができなかった。

子どもとしては、表向きは仲が悪くなさそうな両親の様子から、自分たちはよい親のもとで育つ幸せな子どもなんだと思うしかなかった。よい両親のもとに生まれて幸せだと私は信じていたのだ。

けれども、無意識の中ではそんな両親のことをどこかおかしいと思っていたのだろう。子どものころの私は孤独を感じていた。そしてそのことをたしかに自覚していた。

孤独な子どもの私がどうしたかと言うと、本を読んだ。本の中の人物に共感して、私の孤独は和《やわ》らいだのだろう。成長してからも、私はたくさんの本を読んだ。なぜか気になる本がたくさんあった。心にひっかかって、忘れることのできない登場人物がたくさんいた。

そして、ずいぶん長い時間がかかってしまったのだが、ある時私は気がついた。どうしてその本が気になったのか。

私の読んだたくさんの物語には、私と同じ問題をかかえている人物が描かれていた。私は、私と同じ問題をかかえていた人の書いた本をたくさん読んでいた。それらの本は、私に、「早く気づいて！」と言っていたのだ。

私のかかえていた問題とは、この世界のさまざまな物事を肯定できず、否定ばかりしてしまうことだった。自分を受け容れることができず、人のことも認められないことだった。私は、人も自分も物事も愛せなかったのだ。そして私は、そうなってしまった理由にも気がついた。愛し合えない両親に愛してもらえなかったことがその原因だ。

両親に悪気があったわけではもちろんない。親たちだって、できるものなら愛したかっただろう。でも、愛するということを知らず、またそれを知ろうともしない人たちに、どうしてそんなことができただろう。

愛されなかった子どもが愛することができるようになるためには、気づかないといけないことがある。

愛せるようになるために
——依存でもなく、支配でもなく——

目次

愛せるようになるために

――依存でもなく、支配でもなく――

第一章　愛と不幸の物語

物語の中に自分がいる！

たとえば小説の中には、私たちと同じ問題をかかえて、悩んで、苦しんでいる登場人物がたくさんいる。小説を読んで、「ああ、これは私のことだ！」とギョッとしたことはないだろうか。フィクションはフィクションであって、フィクションではない。本当のことが描かれている。小説の中だけではない。ほかにも、映画や舞台を観たり、漫画を読んだりして、自分とよく似た登場人物を見つけたことはないだろうか。

そんな人物たちは、鏡になって、私たちの姿を映し出してくれている。私たちは、さまざまな物語にふれて、そこに自分を発見することがある。とくに、不幸な自分の姿を。私たちは、物語の人物たちが自分自身を不幸にしてしまうような問題をかかえていることを知る。そして、「ああ、これは私の問題でもある！」と気づく。私たちは、物語にふれることによって、自分の問題を発見することができるのだ。

ここで取り上げているのは古典的名著の中の、愛し合うことができずに不幸になってしまう人たちの物語だ。いずれも、愛せない人たちの問題の根源がどこにあるかがよくわかる。それぞれの不幸の形は違うが、背景には同じ問題が潜んでいる。物語を読み解きながら、考えていきたい。

1、ロマンチックの運命　『ボヴァリー夫人』　フローベール

『ボヴァリー夫人』という小説がある。十九世紀のフランスの小説で、描かれている風俗なども今とはかけ離れている。ずいぶん時代背景が違うので、読みやすくはないかもしれない。けれども、ボヴァリー夫人はけっして過去の人ではない。架空の人物ですらない。作者のフローベールが、「ボヴァリー夫人は私だ！」と言ったという逸話が伝説として語られているように、ボヴァリー夫人は昔もいたし、今もいると私は思っている。

ボヴァリー夫人とはどういう人か。簡単に言ってしまえば、自分の現実に満足できない人だ。いつも、「本当はこんなはずじゃない！」と、心の中で叫んでいる。いつだって、今、ここには

ない何かを探し求めている。「今の私は本当の私ではない！　今の生活は本当の生活ではない！　どうすればいいの？　いつまで待てばいいの？　だれか助けて！」、そう思い続けて、せっかく生まれてきたのに、人生を無駄遣いする。

主人公のボヴァリー夫人、エマ・ボヴァリーは、田舎の裕福な農場主の娘で、修道院の塾で教育を受けて、一通りの教養を身につけている。エマは、ロマンチックな物語を読んでは、華やかな暮らしや情熱的な生き方に憧れ、田舎暮らしに飽き飽きしていた。そしてある時、父の足の治療にやってきた医者のシャルル・ボヴァリーと出会って、その後妻《ごさい》におさまる。

しかし、結婚も彼女を満足させてはくれなかった。恋につきもののはずの「幸福」がやってこなかったのだ。エマは不満をつのらせる。

娘を産んでもそれは変わらなかった。家の中のものや、身のまわりのものを美しく飾ってみても心は晴れない。穏やかに暮らすことに飽き足らず、エマは変化がほしかった。変化と、目くるめくような陶酔がほしかったのだ。

そんな折、シャルルが治療をほどこしたとある侯爵からの招待を受け、二人は侯爵家の舞踏会にでかける。そこでエマは『子爵』と呼ばれる人物とワルツを踊り、それ以来、何かにつけては

『子爵』を思い出し、そこで見た人々の贅沢な暮らしぶりに憧れ続ける。

エマの考えは、自分の身近にあるものからはそれてしまうという。物事が自分の身の近くにあればあるほど心がそこから離れてしまうのだ。自分の身のまわりにある、たいくつな田舎、愚かしくもたくましい小市民たち、平凡な生活、そんなものにはちっとも親しみを感じることができず、ロマンチックな恋や、情熱的な毎日に憧れた。

エマの夫であるシャルルはけっして悪い夫ではない。エマのために引越しをし、エマがほしいと言えば、生活にどうしても必要というわけでもないこまごまとした装飾品や雑貨、エマの衣類や装身具などもこころよく買わせたし、エマと、エマが選んだものが生活を彩るのを見て、幸福感にひたったりする。律儀でまじめ一辺倒《いっぺんとう》、美しい妻にほれ込んでいるのだ。

だがエマは、夫に満足しない。満足するどころか、その少々気が弱くて野心のないところが気に入らない。夫の凡庸さが気に入らない。シャルルも、エマの身のまわりにいるから嫌われたのだろう。エマは、今あるもの、自分の持っているものにはことごとく満足しないで、ないものをほしがるのだ。

ある時、ロドルフという遊び慣れた男が、自分の農場で働く男を、治療のためシャルルのもとに連れてきて、エマに目をつける。ロドルフはエマが夫と田舎暮らしにうんざりしていることを見抜き、首尾よくエマと恋仲になる。エマは、新しい外科技術を開発した名医の妻という名声がほしくて、シャルルに無理な手術をさせるのだが、夫は案の定失敗して、ますます夫を軽蔑するようになっていく。

ロドルフにとって恋愛は、快楽をともなった遊戯である。でもエマにとって、恋は、ずっと待ち望んでいた何かだった。小説にはこう書かれている。

ボヴァリー夫人がこのころほど美しかったことはない。歓喜と熱情と成功から生まれてくるあの言いがたい美しさ。気質と境遇のしっくりあった調和である。彼女の欲望、悲しみ、快楽の経験、いつも若々しい夢想が、肥やしや雨や風や太陽が花をそだてるように、彼女をだんだんと成長させた。そしてようやくその天性のまったき姿で開花したのだ。

自分の待ち望んでいた目くるめくような恋の日々の中にあって、エマは本当の自分になれたと思ったのかもしれない。そうあるべき人生を手に入れて、そうあるべき自分になれたと感じたのかもしれない。望んでいた日々を手に入れて、こうありたいと思っていた自分になったと思ったのだろう。けれどもそれは幻想だった。ロドルフは、エマとの駆け落ちの約束をいとも簡単に破って、姿を消した。

ボヴァリー夫人の情熱は、行く先を求めていた。その情熱は、そそがれるべき対象を求めていた。そこで、それは次に、以前お互いにほのかに好意を寄せ合ったことのある年下の恋人にそそがれることとなった。

若い恋人のレオンとエマとは、似たような気質をもっている。二人とも、田舎町で、話の合う相手を見つけることができない。自分の理想に現実が追いつかないことに失望している。知り合ったころの二人は、取りとめのない話をしながらいっしょに散策を楽しんだりしていたのだが、勉強のためレオンが引越しをして、二人の仲は深まらなかった。ところが、ある時気晴らしに出かけたルアン（フランス北部の都市）の劇場で、二人は偶然再会する。

エマはふたたび恋にすべてをかける。二人が会うのはルアンである。夫には、ルアンでピアノを習うと言って出て行く。ルアンまでの馬車代はもちろん、逢瀬のためのホテル代や食事にかかる費用なども、レオンが払いきれないときはエマが支払う。エマは自分の衣装にもお金をかける。家の中で使う贅沢な品々もあいかわらずほしがる。エマは、それらをツケや借金でまかなうようになっていった。

何かを求めて、あるいは何かを期待するときに、エマの心は豊かになる。ルアン、甘美な恋の時間が待つところ。乗合馬車からルアンの町が見えてきた時、こんなふうに、エマはもっとも満ち足りた様子を見せる。

　エマにとっては、ここにこうして集まって存在しているものから、眩惑《げんわく》されるようななにかが発散されているように思え、そこに活動している十二万の魂から、みんなもっているにちがいない情熱の熱風を一度に吹きすぐってくるように、心がゆたかに膨張した。エマの愛は、空間をまえにして大きくひろがり、あたりに立ちのぼってくる漠《ばく》としたうなりの音にさわがしくゆれた。エマはその愛情を外へ、広場へ、散歩道へ、街路へ注ぎかえした。すると、このノルマンディーの古い都市は、彼女がはいって行こうとするとほうもなく大きな都、まるでバビロンの都ででもあるように、眼下にひらけるのであった。彼女は両手をついて車の窓からのりだし、風をすすった。（傍点引用者）

　エマの「愛」はここにあった。夫であるシャルルを愛することも、娘であるベルトを愛することもできないエマの愛は、これからそこで何事かが起こるであろうノルマンディーの古都、ルアンにそそがれる。エマの愛とはなんだろう。

エマはやがてレオンに対して支配者のようになっていった。レオンの食べるもの、服装のおしゃれ、しぐさにいたるまでことこまかく心をくばった。レオンはまるでエマの「おんな」になっていた。エマは母親のようにレオンの交友関係にまで口を出し、レオンの生活を見張っていたいと願った。

そうなるとレオンのほうは、何かがおかしいと思い始める。自分というものがエマに奪いつくされていくような感覚がわき、反抗したくなる。もっとも、レオンが自分からエマのもとを去ることはできない。決断できないのである。

そしてエマは、不倫の恋に身を焦がしつつ、やはり「幸福」ではなかった。

なにはともあれ、彼女は幸福ではなかった。これまで一度も幸福ではなかった。人生のこの不満はどこからくる？　たよりにしているものがまたたくまに虫ばまれるのはなぜ？（中略）いや、とうていだめなこと！　わざわざ捜しもとめるねうちのあるものはなに一つありはしない。みんな偽《にせ》だ。どの微笑にも倦怠《けんたい》のあくびがかくされている。どのよろこびにも呪《のろ》いが、どの快楽にも嫌悪《けんお》がかくされている。もっともいい接吻《せっぷん》ですら、もっと大きな逸楽へのみたされぬ欲望を唇《くちびる》にのこすばかり。（傍点引用者）

幸福になれないのは、ボヴァリー夫人が悪いからだろうか。

破局がじわじわと忍び寄っていた。エマは自分の欲望を満足させるために、支払える見込みのない法外な借金をかさねていたのだ。かつての愛人ロドルフも、レオンも、助けてはくれない。万策つきてエマは、薬屋に忍び込んで、置いてあった砒素《ひそ》を一気にあおいだ。

エマの死後、シャルルのもとにはレオンの婚約の知らせが届く。その後シャルルも、エマの遺品の中に愛人たちからの手紙をみつけて、ついに妻の不貞を知り、絶望と貧窮のうちに死ぬ。娘は貧しい叔母に引き取られ、工場へ働きにだされているということだ。

ボヴァリー夫人は愚かだろうか。

ボヴァリー夫人を単なる愚かで身勝手な女として切り捨てることは簡単だ。けれどもそれでよいのだろうか。

この『ボヴァリー夫人』の物語からは、「ボヴァリズム」という言葉が生まれたそうだ。ボヴァリズムとは、理想と現実のギャップに苦しむ精神状態だという。ボヴァリー夫人ほどではないにしても、理想と現実のギャップに悩むというのはむしろよくあることだろう。

そうありたいと思う自分に現実の自分が追いつかなかったり、そうあってほしいと思う人がちっともそうではなかったり、あるいは、生活や人生自体がまるで思いどおりにならなかったりして、とかく理想と現実は一致しないものだ。理想と現実が一致せず、私たちは満たされない思いを抱いている。フローベールが「ボヴァリー夫人は私だ！」と言ったというが、ボヴァリー夫人のことを、他人事とは思えない人もいるのではないだろうか。

それにしても、どうしてそんなことになってしまうのか。凡庸だが、自分を崇拝している夫がいて、娘も産まれる。もちろん貴族ではないから、日々の生活に社交界の華やかさはのぞめないし、潤沢な財産があって、桁違いに贅沢な都会生活を楽しむでもない。けれども、これといった刺激のない田舎町ではあるものの、のどかで、毎日はおだやかにすぎていく。生活するには充分な収入があって、身のまわりを美しく飾るささやかな贅沢ならできるのだ。

ボヴァリー夫人は、なぜか自分の身のまわりにあるものに満足することができない。自分の身のまわりにあるもののよさや美しさに気づくことができない。自分がすでに手にしているものの価値を認めることができない。そこにあるものを肯定できない。あるものを否定して、ないものばかりをほしがるのだ。

自分の身のまわりの現実を否定して、エマは恋に賭けるが、恋が実現したらそれは現実だ。エマは、愛人たちにも自分の理想どおりになってくれるように願い、とくに若い愛人であるレオンには、自分の理想を投影して、自分好みの男にしようとする。けれども、そんなことがうまくいくはずはない。レオンだって、本来の自分が否定されていることに気づいて、反発したくなる。

人生の不満がどこから来るのか、エマにはわからない。なぜかはわからないけれども、エマは自分の現実のすべてに不満だ。エマは、自分の身のまわりの現実すべてを否定する。否定、否定、否定だらけだ。

エマは、本当は肯定したかったのではないだろうか。実は、自分が好ましいと思うものを、力強く、肯定したいと思っていたのではないか。肯定したい、つまり愛したいと思っていたのに、それにふさわしいものが、自分の身のまわりにはないと思っていたのではないか。肯定したい、愛したいという強い思い、情熱を、エマはもてあましていたように思えるのだ。

レオンとの密会に向かう馬車の中からルアンの町を見下ろして、エマは自分の中の愛を感じる。好ましいものにそそがれる肯定する気持ち、愛と情熱をルアンの町から感じ取って、エマも同じものをルアンの町に返している。

エマは、「これまで一度も幸福ではなかった」という。エマの人生には不満しかなかったというのだ。でもこれは、エマが自分の中の愛情、つまりは何かを肯定する気持ちを現実のものにそそぐことができなかったということだ。エマのように身のまわりの現実を否定してばかりいたら、当然不満で、幸福になんてなりようがない。

では、どうしてエマはそんなふうになってしまったのか。

『ボヴァリー夫人』という小説の中にその答えを見つけることは難しい。その疑問に答えられるだけの手がかりがその中にはほとんどないからだ。けれども、こう考えることはできる。人間は、学んだことを実践するのであって、学ばなかったことはできない。エマは成長する過程で、今ある物事を肯定すること、つまり愛することを学ばなかったのではないか。

子どもに教えることのできるのはまずは親だ。エマの親として小説に出てくるのは父親だけで、先に死んだとされる母親についてはほとんどふれられていない。エマの父親は実直な農夫として描かれており、娘に対する愛情もそれなりにしめされている。エマの気質やロマンチックな好みは母親との関係から生み出されたものと想像されるのだが、それを裏付ける記述がまったくない。

ともあれ、エマは自分の現実を愛せなかった。だからこそ（と言うべきか）、情熱的に力強く、何かを熱烈に愛したかったのだろう。自分が愛せるかもしれないと思うものを夢見たのだ。夢が夢であるかぎり、その愛も実現することはないのだが。

エマの不幸は、自分の現実を肯定できなかったということにつきる。エマは、そこにあるものを愛せなかったから、不幸だったのだ。

ボヴァリー夫人のロマンチックは、あるものを否定してないものを求める。けれども、現実を否定することは結局、現実の自分の存在を否定することにつながった。それがボヴァリー夫人のロマンチックの運命だった。もちろん、それでは小説にはならないのだが、ボヴァリー夫人が、自分もふくめた現実を愛することができたなら、きっと幸福になれたことだろう。

2、サド侯爵夫人は私だ！『サド侯爵夫人』三島由紀夫

三島由紀夫ほど特異な死に方をした作家はいない。なぜ、よりによって、自衛隊の前で演説して、それが聞き入れられなかったからといって、同志と割腹自殺などしなければいけなかったのか。今でも三島について、とりわけあの死に方について考え続けている人がいる。作家として大成功し、何もかも手に入れたように見える人物が、なぜあのような死に方をしなければならなかったのか。私もそんな一人だった。

私は、三島の死には母親との関係が影響していたとみている。三島の母親は、自分の不幸をかこち、すこぶる優秀で従順だった息子に頼りきっていたと思われる。三島の母は、息子を支配し

ていたようなのだ。三島のあらゆる作品にそれはあらわれている。

子どもを支配する親の問題を三島もかかえていた。そういう意味では、三島は特殊な人ではないと私は思っている。


三島由紀夫の戯曲に、『サド侯爵夫人』という作品がある。サドとは、あのサドである。娼婦や乞食女にムチをふるい、性的に満足していたというあのサドである。サドはサディズムという言葉の語源になった。『サド侯爵夫人』は、そんなサドという人物の妻が主人公の作品である。

澁澤龍彦は、サドを日本に紹介した人である。その澁澤の書いた『サド侯爵の生涯』を読んで、三島は『サド侯爵夫人』を書いた。サド侯爵夫人ルネは、あのサドを相手に貞節をつらぬき、獄中のサドにもつくし続けていたのに、いざサドが釈放されると、態度を一変させ、キッパリと別れてしまったのだそうだ。三島は、興味をそそられたのはサド侯爵夫人の心変わりだと言っている。『サド侯爵夫人』の中で、三島は、その謎の「論理的解明を試みた」というのである。

澁澤の『サド侯爵の生涯』によると、サド夫人ルネは、サドとの離別にいたる一七九〇年まで、自らは貞節をつらぬき、放埓《ほうらつ》な生活をおくり悪行をかさねる夫をささえていたということだ。サドは自身の不行跡《ふぎょうせき》から長く獄中生活をおくることになったのだが、ルネは面会を欠かさず、夫につくし続けた。澁澤は、サドとルネの間で交わされた手紙をもとに、次のように言っている。

ルネ夫人が犠牲者としての役割を一つ一つ忠実に果して行くのは、驚くばかりである。いかに不当な非難を浴びせられようとも、不当な要求を押しつけられようとも、あくまで彼女は忍耐強く、条理をつくして相手を納得させようとする。相手に信じてもらおうとする。変らぬ愛の証拠を見せようとする。どんな要求でも素直に受け容れる。（傍点引用者）

澁澤は、ルネはサドに対して、「変らぬ愛の証拠を見せようとする」と言うのだが、それは本当だろうか。ルネはサドを愛していたのか。愛していたから、自分に対する夫の不当なあつかいに耐えていたのか。

澁澤によれば、サドの母親の伯爵夫人は、長く修道院に引きこもって、夫や息子との家庭生活を楽しむなどということのなかった人だという。また、息子であるサドの結婚資金にするため、自分の持ち物であるダイヤモンドを売ることをどうしても承知しなかった吝嗇《りんしょく》なエゴイストだったという。一方父親は、息子とかかわり合うのを避けるようなそぶりを見せる手紙を残しており、澁澤は、「この父子のあいだには、およそ血のつながる者同士の情愛というものが欠けていた」

ないようだ。

と言わざるをえなかった。どうやら少年時代のサドは、父母の愛情を存分にうけて育ったのでは

このような生育環境がのちのサドを作り上げただろうことを澁澤も暗示している。学んだことしかできないのが人間であるならば、それはそのとおりであろう。親に愛されなかったサドが、サディストになったのだ。

さて、三島由紀夫の『サド侯爵夫人』である。こちらは、作者の三島がサド夫人に興味をもって書いたというとおり、サドではなく、夫人が主役の戯曲である。そして『サド侯爵夫人』に登場するのは女性ばかりだ。肝心のサドは舞台の上に一度も出て来ない。作品の中でルネは「貞淑」を代表するとされる。この「貞淑」はキーワードである。

女ばかりの六人の登場人物の中には、サド夫人ルネのほかに、夫人の母親がいる。私はその二人の親子関係に注目した。サドにつくす、ルネの過激なまでの「貞淑」と自己犠牲は、その親子関係の影響があるのではないかと思ったのだ。

三島は登場人物にそれぞれ何かを代表させている。サド夫人ルネはもちろん「貞淑」を、そしてその母親のモントルイユ夫人は「法・社会・道徳」をあらわしているという。

ルネの母親、モントルイユ夫人のサド観は明解だ。夫人はサドのことを「怖ろしい怪物」と

言って、娘のルネには一刻も早くサドとは別れるようにと言っている。そして最初のうちこそ世間体《せけんてい》をはばかって、サドが赦免《しゃめん》されるよう力をつくしたのだが、のちには、サドのような男は「法」と「正義」が裁くべきだとして、サドが捕まって収監されるよう計ったりする。

実際のモントルイユ夫人もそうだったらしいが、戯曲のモントルイユ夫人は厳しい現実主義者だ。そもそもモントルイユ家がサドを婿に迎えたのは、サド家の家柄のよさに目をつけたからだ。モントルイユ家に財産はあったが、貴族としての身分は低かったので、格上の相手と縁組したかったのだ。夫人の思惑《おもわく》はもののみごとにはずれて、婿の不行跡に悩まされることとなるのだが、それでも夫人は何度となくサドの前に立ちはだかる。

一方、モントルイユ夫人は娘のルネのことを次にあげたように、「私の教育と理想のみごとな花」と言う。

モントルイユ　（前略）お父さまは税裁判所の名誉長官でいらっしゃったし、貴族としての位は低くても、うちにはサド侯爵家などが足もとにも及ばぬ財産があった。私たち両親はお前をゆたかに育て、フランスの王妃になっても恥かしくないほどの、気品と美しさと教養を身につけさせた。（中略）

それなのに、ああ、元はといえば私のめがねちがいだが、お前はこの世で考えられるかぎりの怖ろしい結婚をしてしまった。（中略）おかくれになったお父さまも私も、誰にもとやかく言わせない正しい生涯を送ってきたのに、何の祟《たた》りで可愛い娘に、こんな不幸を嘗《な》めさせる成行きになったのだろう。（傍点引用者）

モントルイユ夫人は、「法」と「社会」と「道徳」を代表している。夫人は、自身は世間に恥じない「正しい生涯を送ってきた」つもりで、それらに反するものを認めない。サドのような常識では理解できない悪徳の権化《ごんげ》は、夫人にとっては「怪物」なのである。自慢の娘を育て上げ、その総仕上げにりっぱな婿を迎えるつもりでサドを選んでしまったのは、夫人にとって痛恨の一事だった。しかも、その自慢の娘までが、サドに感化され、自分に逆らうようになろうとはまったく心外だったことだろう。夫人はルネを大切に大切に育てたつもりのようなのだ。

サドをめぐって母親と言い争うルネは、自分の両親のことを、「愛よりも約束事のお好きな御夫婦」と言う。母親の乳房のことを、「約束事や世間の望むがままの材料で出来上がった、偽善の形の乳房」と言う。「お床《とこ》の中でまで世間に調子を合わせていらした愉しい思い出をお忘れになりたくないのね」、「睦言《むつごと》にも御自分たちの正しさを語り合ったその満足を大事になさりたいのね」と言って、いかにも世間に合わせ、世間の求める正しさのとおりに生きてきたモントルイユ夫人を批判する。

サドが生きた革命前後のフランスはずいぶん遠い時代、遠い国のことと感じるだろう。けれども、モントルイユ夫人のような母親は、今も身近にいないだろうか。世間体が大事で、人様《ひとさま》に後ろ指を指されるようなことはしてはいけないと言う。謙虚なようでいて案外見栄っ張りで、子どもをつかって自分の格を上げようとする。自分が正しいと信じて疑わず、子どもが逆らうことを許さない。

サド夫人ルネが「貞淑」で、「犠牲者としての役割」に徹することとなったのは、この母親との関係があったからだろう。白紙の状態で生まれてくる子どもに対して、絶対的な権力をふるい、その子どもの運命まで決定してしまえるのは母親をおいてほかにないからだ。ルネは、「法」と「社会」と「道徳」を代表する母親によって、従うことを徹底する性格につくりあげられたのだ。

モントルイユ夫人の娘を従わせる力は絶大であったと思われる。なぜならば、ルネの従おうとする程度がはなはだしいからだ。ルネは自分を徹底的に抑制して、相手に合わせようとする。自分を犠牲にしてまでサドに従い続けるのだ。モントルイユ夫人としては、今まで自分に従順であった娘が、結婚したとたん、今度は非常識きわまりない夫に従順になり、自分に抵抗するようになって、納得いかないのだ。けれどもルネがそのようになってしまったのは、もとはと言えば、自分の育て方にその原因があったのだ。ルネは、母親に育てられるうちに身につけた物事に対する見方や考え方を、そのまま自分の結婚生活にもち込んだだけだ。

それにしても、ルネの言う「貞淑」は過激だ。相手がどうであれ、たとえサドであれ、寄り添い、従い続けると言うのだ。あるがままの相手を無条件で受け容れるというのは「愛」である。

そこでモントルイユ夫人は、どうしてもサドとは別れないと言う娘に問う。

モントルイユ　何故《なぜ》なの？　何故そんなに強情なの？　意地なのかい？　それとも世間体《てい》？……まさか、愛情なのではあるまいね。

ルネ　はっきり愛情と申してよいかどうか。でもお母様、決して意地ずくや世間体ではありません。……さあ、私がどう申上げても、とてもわかってはいただけまいと思いますの。

（傍点引用者）

母親に問われて、ルネは自分の「貞淑」が「愛情」にもとづくものなのか自信がないのだ。澁澤龍彦は、ルネがサドに「愛の証拠を見せようとする」と言って、三島由紀夫の言うルネの「貞淑」を「愛」だとする。けれども、三島はあきらかにルネの「愛情」を疑っている。
モントルイユ夫人の計略でサドがふたたび投獄され、ルネが抗議している場面である。

モントルイユ　それじゃどうしても別れられないのは、愛情からだとでも言いたいのかい。そこが私にはどうしても腑《ふ》に落ちない。愛情と云ったところで、向う様のは至って怪しげな、こちらだけの一人よがりの幻に、すべてを賭《か》けようとお言いなのかい。考えてもごらん、ルネ、お前の良人は（皮肉に）、ここだけの話だが、人間じゃないのだよ。
ルネ　人間でなくても、私の良人ですわ。
モントルイユ　愛情に自信がなくなると、貞淑へ逃げ込むというわけね。
ルネ　でもその貞淑はお母様から教わったものですわ。
モントルイユ　ああ、お前が貞淑というと妙にみだらにきこえる。どうしてだろう。私は前からそんな気がしていた。この世で一等純白な言葉が、アルフォンスへ向けられていると思うと、真黒になる。支那人の細工の黒い漆のように。
ルネ　では、それなら私の愛情は……
モントルイユ　その言葉のほうは、又妙にみだらでなさすぎるのだよ。

「貞淑」を母親から教わったというのはそのとおりだろう。ルネに、夫に対して、貞淑であれと教えたのはモントルイユ夫人である。その貞淑が、たまたま夫人の眼鏡にかなわない婿に向けられたから取り消せと言われても、娘にしてみれば、いまさら生き方を変えることなどできない。ルネが戯曲の中で言っているとおりである。

そして「愛情」である。ここでもルネは自分の愛情に自信がない。モントルイユ夫人は、ルネに、「愛情に自信がなくなると、貞淑へ逃げ込む」と言っている。本来は愛情であるべきものを、貞淑で代用しているというのだろうか。愛情をもてないから、貞淑であろうとする、愛情はもてないが、貞淑であれば免責されるというのだろうか。

いずれにしても、ルネの愛情は戯曲のセリフのとおりの空虚なもののようである。だが貞淑は、ルネがその全存在をかけて体現しようとしているある種の実《じつ》のあるものだ。ルネは犠牲者であり続けることで、自身の理想である貞淑を実現しようとする。

貞淑は一見愛情と似ている。貞淑が愛情の役割を果たすかのように見えることもある。だからルネは、愛情に自信がなくなると貞淑に逃げ込むのだ。けれども、貞淑が愛情とはまったく違うものだということはいずれ露見《ろけん》する。貞淑は愛情とは似て非なるものなのである。

前にあげた場面のセリフは次のように続く。

ルネ　とにかく私は、あの人に追い縋《すが》れるだけ追い縋って行きます。もし強いて別れさせようとなさるなら、あの人を牢へ閉じ込めておくのは、目算ちがいかもしれませんわ。私はしげしげと手紙を書き、あらゆる機会をとらえて会いにもまいりましょう。牢のなかのあの人にとって、世界中でたよりになるのは私一人しかないことは、お互いによくわかっています。

モントルイユ　目算ちがいだとお言いだが、ルネ、今私たちはしらずしらず、ちがう目当てを辿《たど》って同じ喜びを頒《わ》け合っているのかもしれない。お前の言うことをきいていると、ただ一つたしかなことがある。お前もアルフォンスを心の底では籠の鳥にしておきたいんだ。あそこへ入れておけば、安心だもの。一人ぼっちで、何をする自由もなく、お前一人をたよりにし、お前は嫉妬《しっと》を免かれる。嫉妬するのは今度は向う様で、いつぞやも妄想《もうそう》にかられた怖ろしい手紙をよこしたそうじゃないか。それをお前はたのしんで、北叟笑《ほくそえ》んで読むこともできる。……素直に言ってごらん。お前は口では反対しながら、心の底では私に感謝している。私もお前もあの男を、未来永劫《えいごう》閉じ込めておきたい点で、ひどく気が合っているんだ、と。（傍点引用者）

こう言われてルネは、このあと強く否定するのだが、モントルイユ夫人の鋭さといったらどうだろう。澁澤によれば、サドが牢の中から激しい嫉妬の手紙をよこしたというのは事実のようである。いずれにしても、ルネも、心の底ではサドを牢の中に閉じ込めておきたいと思っていたというのは本当ではないかと思われてしかたがない。モントルイユ夫人の言うとおりである。モントルイユ夫人がそうであるように、ルネも、実はサドを支配したいのだ。

愛は支配をしない。愛と支配は違う。ルネがサドに対する愛情に自信がもてなかったのは、このように、サドを愛していなかったからだ。貞淑は愛情ではない。

そう言えば、ルネは、けっしてありのままのサドを受け容れているわけではなかった。サドが事件を起こすたびに翻弄《ほんろう》されながら、こんなふうに言っていた。

ルネ　アルフォンスが今度赦免されれば、私も力のかぎり尽してみますわ。あの人の心を融《と》かし、あの人の暗い苛立《いらだ》った魂を慰め、二度と世間の噂にも立たず、古い噂もみるみる新しい善い行いで、拭い去られるようにしてみせますわ。

サド侯爵夫人ルネは、犠牲者でも、一方的な被害者でもないのではなかろうか。少なくとも、戯曲の中のサド夫人はそうである。ルネは、サドが赦免されたら、今度は「新しい善い行い」をさせてみせると言っている。「心を融かし」、「暗い苛立った魂を慰め」と、その方法は一見殊勝《しゅしょう》だが、要は、自分の「力」でサドを変えてみせると言っているのだ。

どんな力も、だれかに対してふるわれるものは権力と呼ばれてもしかたがないものとなる。ルネは権力を志向している。夫であるサドを支配したいと思っている。そんなルネは、自分を支配してきた母親のモントルイユ夫人にそっくりだ。ルネとモントルイユ夫人は、ちょっと見ただけではまったく似ていない。けれども、身近な人、たとえば夫や娘に、自分の価値観を押しつけ、支配しようとするところがまるで同じなのだ。ルネはサドを、モントルイユ夫人はルネを、自分の思いどおりにしようとしている。

母親であるモントルイユ夫人の前では、長い間、ルネは頑固にサドを擁護《ようご》し続けていた。ところが、その後さらに長い時間がたち、サドが釈放されて帰ってくると、ルネは意外なことに、「もう決してお目にかかることはありますまい」と伝言させ、サドには会おうとしない。ルネはサドを捨てたのだ。

三島由紀夫はこの戯曲で、サド侯爵夫人が、長い忍従のはてにサドを捨てた謎を解明することを試みたと言っているが、はたしてそれはできたのだろうか。

三島による「謎」の解明であるが、私は完全にはできていないと考えている。なぜならその謎は、ルネとモントルイユ夫人母子の関係にある問題に気づかないと解明できないと思うからだ。三島は自分と自分の母親の間にある問題にも気づいていなかった。自分たち親子の姿を映すかのような母子を描きつつ、問題の本質には気づいていなかったのだ。

恋愛をする相手のタイプがいつも同じで、毎回同じような経路をたどって破局にいたるなどということはないだろうか。そういう相手を選んでは失敗するとわかっているのに、いつも同じような人に惹《ひ》かれてしまう。もしもそうであるなら、その相手の中に、自分自身の問題が潜んでいるからかもしれない。

私たちは、育った環境の影響を自分が思っているよりもはるかに強く受けている。どのような親に育てられたか、どのような環境で育ったかで、私たちの考え方や気持ちのもち方が決まる。それはまさに宿命とでもいうべきもので、だれも逃れられないうえに、そんなことがあるなどとなかなか気がつかない。そして何をするにも、私たちは、そのように生まれた時からなじんだやり方や環境と同じものをついつい求めてしまう。たとえそれが自分にとってかならずしも心地よいものでなかったとしても、だ。

だから、成長して恋愛する年になっても、私たちの多くは親と自分の関係の再現になる相手を選びがちだ。私たちは、自分が育った環境や条件を、恋愛相手を選ぶときの地図やコンパスのようにして、それを再現してくれそうな相手を探して恋に落ちるのだ。親に支配されて育っていると、自分を支配するような相手を選ぶ。親との関係が苦しいものであったなら、恋人との関係も苦しいものになる。だれもそんなことは望んでいなかったはずなのに、気がつくとそんなことになってしまっている。

『サド侯爵夫人』のルネもまさにそんな娘の一人だ。現実のルネもそうだったということだろう。ルネは、自分の不幸な運命を支配するサドに対してとことん忠実であろうとする。そしてその態度が三島によって「貞淑」とされるのだが、ルネの結婚生活は、支配的な母親に忠実だった娘時代の再現だ。具体的なあらわれ方はまったく違っていても、その心的構造が同じなのだ。

ルネの過激なまでにマゾヒスティックな「貞淑」は、母親であるモントルイユ夫人には理解ができず、夫人は二言目《ふたこと》には「別れてしまえ」と言う。だが、ルネは頑《がん》として聞き入れない。ルネのセリフにもあるように、「貞淑」はその母親が教えたものだからだ。ルネもモントルイユ夫人も気づいてはいないが、「貞淑」なルネをつくったのはその母親のモントルイユ夫人だ。モントルイユ夫人がルネを支配して育てたから、ルネは、自分の運命を支配する、文字どおりサディスティックなサドに忠実に従ってしまったのだ。

けれどもルネは、一方的な被害者であり続けたわけではなかった。恐ろしいことに、ルネは、人に対して支配的である母親のやり方を学んでもいたのだ。戯曲のセリフの中でモントルイユ夫人が指摘していたように、自分では気づかなかったが、ルネは心の底では、サドを支配したいと思っている。支配された子どもは、だれかに支配されることにも慣れるが、だれかを支配することもおぼえるのだ。

支配されつつ支配しようとするルネの結婚生活は、当然不幸なものとなる。三島の戯曲の中のルネは、たびたび「幸福」という言葉を口にし、自分はある種の「幸福」の中にいると言うのだが、それを信じるわけにはいかない。どうみてもルネの結婚生活は幸福ではない。

恋愛すると、あるいは結婚生活で、相手につくしすぎてしまうという話をよく聞く。やはり女の人が多いだろうか。

ある人が、「私はやりすぎちゃうからダメなのよねー」と言っていた。その人は、玄関で夫の靴をそろえるとき、歩きだしやすいように、かならず片方をちょっと前にずらしてそろえるのだそうだ。その人は夫につくす、本当によい妻なのだ。ところが、夫のほうがそんな妻に感謝しているかというとそんなことはない。ある時その人の夫の浮気が発覚して大騒ぎになった。自分につくす妻に夫は満足しない。夫につくす妻が幸せな結婚生活をおくれるとはかぎらないのだ。サド侯爵夫人と似ているではないか。

実は私も人にはつくすほうだ。だれかを裏切るなど考えたこともない。忠実で献身的で自己犠牲的だったのだ。『サド侯爵夫人』を読んで、「サド侯爵夫人は私だ！」と何度叫んだことか。私も幸せにはなれなかった。

私は自分ではよくやっているつもりだった。相手のためにと思って、相手を優先し、いつも自分のことをあとまわしにした。自分が我慢をすればいいと思っていた。すべてを飲み込み、自分が我慢をすれば、うまくいくと思っていた。私は不幸な運命に支配されていた。その支配に忠実に従い、そこから自由になることなど考えたこともなかった。けれどもその一方で、実は私自身が、人も運命も支配しようとしていたのだ。それでは人には反発され、運命にもみはなされてしまうだろう。

私がこの事実に気づいたのは、自分と母との関係に気づいたからだ。私は、自分が困難な状況におちいって、何かがおかしいと思い始めた。自分が大切にしたいと考えていた人間関係がズタズタになって、どうしてこんなことになるのかと考えたのだ。そして、母が私を子どものころから、精神的に傷つけつつ支配していたということに気がついた。私は自分が幸せになれる考え方を身につけていなかった。それどころか、不幸になる考え方しか知らず、それに従って振る舞ってしまっていたのだ。

私の母は劣等感の強い人だった。ことあるごとに、「あの人は私を見下している」と言ってはその人のことを憎んでいた。母が私によこした有形無形のメッセージは、「私に恥をかかせるな！」で、よくヒステリックに怒られたものだ。ルネの母親のモントルイユ夫人のように、世間体《せけんてい》が大事で、子どもたちの気持ちなどおかまいなしだった。母は、自分の気にいることを子どもがしたときだけ認めた。もっとも、私に対してはそんなことすらめったになかったが。そして、自分の気にいらないことを子どもがしたとなると、「私は恥ずかしかった」と言っては、子どもが自己嫌悪を抱くような責め方をした。

私は、大切にしたいと思っていた人間関係を失って、そのかわりに長い間自分がかかえていた問題に気づくことができた。

私は母親に支配されて成長してしまったことによって、よい人間関係を築くことができなくなっていた。人との関係を、支配と被支配でつなぐことしかできなくなっていたのだ。そんな関係が幸せなものであるはずはない。母との関係にどこかで苦痛を感じていたように、支配・被支配でつながった関係は自分も相手も幸せにはしない。
母は私に物事を肯定すること、つまり愛することを教えてくれなかった。母は、人や世の中を憎んでは、「生きることはつらい」と私に教えた。人や世の中や、生きること自体を否定することを教えたのだ。人や物事を愛さなければ幸せにはなれないのに、母はそんなことは教えてくれなかった。私は幸せになれる考え方を身につけることができなかったのだ。ボヴァリー夫人が自分の現実を受け容れることができなかったことに似ているかもしれない。

私がその人に惹かれたのは、無意識のうちに、その人の中に自分の問題を見ていたからだと思う。自分と同じ問題をその人がかかえていることにどこかで気づいていたのだろう。私はその人がかわいそうだと思っていた。寂しい人だと思っていた。その人が幸せになれるように、なんとか自分が役に立てないものかと思ったのだ。でも、かわいそうなのは自分だった。寂しいのは自分だったのだ。

その人も私と同じように、おそろしく支配的な母親に育てられた不幸な子どもだった。私はその人を愛したいと思っていた。愛されないことの寂しさをイヤというほど知っていたからだろう。でも、私は愛せなかった。愛し方を知らなかったのだ。愛するということがどういうことか知らなかった。それは私が、とくに、母親に愛されたことがなかったからだろう。私の母も愛するということを知らなかったから、私を愛することも、愛し方を教えることもできなかったのだ。

私はその人を愛していなかった。それは衝撃的な事実だった。

だれかと長くつき合っていると、その人との関係をとおして、自分のことがわかるようになる。その人と深くかかわることによって、自分自身の問題に気づくことができる。それはそれはみごとに、謎がとけるのだ。もしかしたら私は、自分の問題に気づくために、その人とつき合ったのではないだろうか。

何かを学んで、自分が人間として成長したと思うと、とてつもない達成感がある。私は自分がかかえていた問題に気づいて、自分にとって何が大切なのか、自分はどうしたいのか、どう生きたいのかということがわかった。いろいろなことがわかって、本当によかったと思っている。

ひとつの人間関係が終わるとき、そこには何かが残っている。何かを知り、何かを学んだことになる。それに気づかない人もいるかもしれないけれど、私は気づいた。その人間関係をとおして、あまりにもあざやかに問題の全貌《ぜんぼう》があらわになったので、むしろそれは、私が自分の問題に気づくために自分で選び取ったものではないかと思うくらいだ。私たちは、自分の問題に気づくために、たとえば恋愛したり、結婚したりして、徹底的にだれかとつき合ってみるのではないだろうか。だから、目的が達成されたなら、もうその関係はいらないものになる。

サド侯爵夫人は貞節をつらぬき、獄中のサドにつくし続けていたのに、いざサドが釈放されると、態度を一変させ別れてしまった。その理由がなんであるかと問われたら、私ならこう答える。

サド侯爵夫人ルネはこう言うだろう。

「サドとの困難な結婚生活をとおして、私は、自分と自分の母親との間にあった問題に気づいた。母親が支配的であったから、私は従順な性格になり、自分を犠牲にしてでも、サドにつくさなければいけないと思ってしまっていた。けれども、そんなふうに思う必要はなかったし、そもそもそれは、愛ではなかった。そのことに気づくために、私はサドと結婚したのだ。自分の問題に気づくという目的を達成したから、もうサドといっしょにいる必要はない。だから、サドとは別れる」

3、マザコン夫とセックスレス　『蓼喰《たでく》う虫』谷崎潤一郎

谷崎潤一郎には母を恋い慕うような作品が多い。そのものズバリのタイトルをもつ、「母を恋うる記」、主人公が母の面影を求めて旅をする「吉野葛《くず》」、幼くして別れた母への慕情が描かれた

「少将滋幹の母」などである。谷崎を評する人の多くは、「母性思慕」が谷崎の終生のテーマであったとこころえている。谷崎にとって母は、永遠の女性であり、そのさまざまな作品の中に形を変えて現れているというのである。

「永遠女性」という言葉が谷崎作品には登場する。たとえば『蓼喰う虫』では、主人公の要が、浄瑠璃《じょうるり》（三味線伴奏の語りに合わせた人形芝居）を観に行った時、人形の小春に「永遠女性」の面影を見る。「永遠女性」の面影が人形の中にあるというのはなんとも意味ありげだ。「永遠女性」には、個性も表情も、命さえも必要ないというのだろうか。

『蓼喰う虫』は、そんな「永遠女性」を求める男の不毛な結婚生活の話である。そしてそこには、谷崎自身が経験した不幸な結婚生活が反映している。谷崎は生涯で三度結婚している。その最初の結婚が『蓼喰う虫』を書かせた。

当時はさぞ大騒ぎになったことだろうと思うが、谷崎潤一郎と佐藤春夫（詩人・作家、『田園の憂鬱』など）は、谷崎から佐藤への妻譲渡事件というものを起こした。谷崎と最初の妻千代との関係は冷え切っており、佐藤が谷崎から冷遇される千代に同情して思いを寄せたため、話し合って、千代は佐藤に譲られるということになった。ところが、いざとなると谷崎はなかなか離婚に踏み切れない。その後十年近くもズルズルと千代との結婚生活を続けたのち（その間、千代は佐藤とは別の男と恋愛関係におちいっている)、ようやく佐藤に千代を譲ったのだ。『蓼喰う虫』の要の姿は、そんな別れたくても別れられなかった谷崎自身を思わせる。

『蓼喰う虫』の要と美佐子の夫婦の不調和がどこからくるかといえば、性の不一致である。作品の冒頭、お互いよそよそしい態度をとる夫婦の様子が描かれたあと、美佐子に対する要の心中の思いとしてこんなふうに語られる。

これが他人の妻であったら彼とても美しいと感ずるであろう。今でも彼はこの肉体を嘗《かつ》て夜な夜なそうしたように抱きしめてやりたい親切はある。ただ悲しいのは、彼に取ってはそれが殆《ほとん》ど結婚の最初から性慾的に何等の魅力もないことだった。

美佐子は要にとって、「性慾的に何等の魅力もない」女だったのだ。それ以外のことは、要は美佐子になんの不足も感じていない。ただそのことだけが問題で、それがすべてだった。肉体的に調和がとれていないのならば、夫婦であり続けるべきではないと要は思い、それが原因で二人は精神的にもどんどん離れていく。

美佐子は、「結婚してから一二年の後、(要が) 次第に性的に彼女を捨てかけていた当座」、しばしば床の中ですすり泣き、「女心の遣《や》る瀬なさを訴えて」は、要をおびやかした。だがやがてあきらめてしまったものと見えて、すすり泣きの声はやんだ。ところが、ある晩ふたたびすすり泣きが始まり、要が訳を問いただすと美佐子は、実は思う人があると告白する。要は肩の荷が下りたようにも感じて、美佐子とその恋人との交際を容認する。美佐子は「そう云う夫の物分りのよさ、思いやりの深さ、寛大さ」を求めていたわけではなく、むしろ止めてほしかったのだが、要は「自分には妻の恋愛を『道ならぬ恋』とする権利はない」と言う。

要は美佐子に「あなたにも恋人があるんじゃないの？」と聞かれ、否定はしたものの、貞操を守っているというわけではなかった。要は「ほんの一時の物好きと肉体的の要求とから、いかがわしい女を求めに行」っていたのだ。

要に取って女というものは神であるか玩具《がんぐ》であるかの孰《いず》れかであって、妻との折り合いがうまく行かないのは、彼から見ると、妻がそれらの孰れにも属していないからであった。彼は美佐子が妻でなかったら、或《あるい》は玩具になし得たであろう。妻であるが故《ゆえ》にそう云う興味が感ぜられなかったのでもあろう。「僕はそれだけ、まだお前を尊敬しているんだと思う。愛することは出来ないまでも慰み物にはしなかったつもりだ」と、要はその晩妻に語った。「そりゃあたしだってよく分っているわ。有りがたいとさえ思っているわ。……だけどあたしは、慰み物にされてでももっと愛されたかったんです」妻はそう云って激しく泣いた。

「慰み物にされてでも」「愛されたかった」というのはおかしい。「慰み物」にするのは愛していないからだ。そこにはそれこそ「尊敬」がない。愛するというのは、相手を受け容れ、その存在を肯定することだ。「慰み物」にできるのは、人間としての相手を侮蔑し、その人間性を否定しているからだ。女を「玩具」としてあつかうというのは、相手を非人間化して喜ぶサディズムなのだ。

それから、「妻でなかったら」「玩具になし得た」、「妻であるが故にそう云う興味が感ぜられなかった」などと言われても、妻としてはいったいどうしたらいいものか。要にとっての性が結婚という制度となじまないということなのか。もしそうであるなら、それはどうしてなのか。

妻を「玩具」にできない。また、「玩具」を妻にするわけにはいかないとなると、結婚相手は「神」でなければならない。だから要は自身の「神」たる「永遠女性」に憧れるのだ。

要には、英国人のマダムが経営する神戸の娼館に、混血のなじみの娼婦がいる。彼女のことを、「四肢《しし》と毛なみの美しい獣《けもの》」とし、「卑《いや》しみ去ろうとする意志の下には、その獣身に喇嘛《らま》教の仏像の菩薩《ぼさつ》に見るような歓喜が溢《あふ》れているところをなかなか捨て難く思」って別れられない。要は彼女のお白粉の匂いを「残らず洗い落すのに多少の未練を感じながら、やっぱり自分が思ったよりも彼女を愛していることを意識しないではいられなかった」という。要が「愛している」という彼女は、要にとって「神」なのか、「玩具」なのか。

なじみの娼婦、ルイズを要はどうするつもりもない。ルイズにせがまれても、彼女を妾《めかけ》として、住まわせる家を用意することすら億劫《おっくう》に感じている。要は「永遠女性」を求めているのだ。それがルイズでないことはあきらかだ。

青年時代から持ち越しの、「たった一人の女を守って行きたい」と云う夢が、放蕩《ほうとう》と云えば云えなくもない目下の生活をしていながら、いまだに覚め切れないのである。（中略）国を異にし、種族を異にし、長い人生の行路の途中でたまたま行き遇《あ》ったに過ぎないルイズのような女にさえも肌を許すのに、その惑溺《わくでき》の半分をすら、感ずることの出来ない人を生涯の伴侶《はんりょ》にしていると云うのは、どう思っても堪えられない矛盾ではないか。

「たった一人の女」とは、要の言う「永遠女性」であり、また「神」とも思える女のことであろう。要が「性慾的」に女として見ることができるのは、卑下しつつもてあそぶことのできる「玩具」か、至上の存在としてあがめ、その前にひれ伏すことのできる「神」なのである。結婚するとしたら、当然後者だろう。要は、「神」とも言える「永遠女性」を妻とし、その女性に一生を捧げたいと思っているのだ。

（下町ッ児である要は）反動的に、下町趣味とは遠くかけ離れた宗教的なもの、理想的なものを思慕する癖がついていた。美しいもの、愛らしいもの、可憐《かれん》なものである以上に、何かしら光りかがやかしい精神、崇高な感激を与えられるものでなければ、――自分がその前に跪《ひざまず》いて礼拝するような心持になれるか、高く空の上へ引き上げられるような興奮を覚えるものでなければ飽き足らなかった。これは芸術ばかりでなく、異性に対してもそうであって、その点に於《お》いて彼は一種の女性崇拝者であると云える。（傍点引用者）

要は自分のことを「一種の女性崇拝者」と言うが、本当だろうか。
「永遠女性」を求める要は、美佐子の父の妾に興味をもつ。義父は、妻を亡くしてから、自分の娘より若い京都生まれの古風な女、お久と暮らしているのだ。お久は若い身空《みそら》で、義父の老人趣味にひたすら合わせ、かいがいしく仕えている。そんなお久に、要は浄瑠璃で見た人形の小春の面影を重ねる。

小説の最終盤で、要は、ついに夫婦二人して義父のところへ離婚の相談に行く。すると、義父は自分が話してみると言って、娘をつれて料亭へ行った。義父の家にお久と二人で残された要は風呂を馳走《ちそう》になる。風呂につかりながら要は考える。

思えばこの春からしきりに機会を求めては老人に接近したがったのは、自分では意識しなかったところの外の理由があったのかも知れない。そういう途方もない夢を頭の奥に人知れず包んでいながら、それで己れを責めようとも戒《いま》しめようともしなかったのは、多分お久と云うものがある特定な一人の女でなく、むしろ一つのタイプであるように考えられていたからであった。事実要は老人に仕えているお久でなくとも「お久」でさえあればいいであろう。彼の私《ひそ》かに思いをよせている「お久」は、或はここにいるお久よりも一層お久らしい「お久」でもあろう。事に依ったらそう云う「お久」は人形より外にはないかも知れない。彼女は文学座の二重舞台の、瓦燈口《がとうぐち》の奥の暗い納戸《なんど》にいるのかも知れない。もしそうならば彼は人形でも満足であろう。

要の言う「永遠女性」とは結局、生身の肉体や感情をもつ現実の女性ではなかったのではないか。それでは現実の女性と生活をともにしなければならない結婚がうまくいく道理がない。

実生活において谷崎は、千代夫人と離婚したのち、以前からの知り合いでそのころ記者をしていた二十歳も年下の女性と再婚する。しかしその結婚は長く続かず、二年足らずで破綻した。そして、さまざまの偶然もかさなって、いよいよ、かねてより憧れていた裕福な大阪の商家の御寮人（貴人や上流階級の人の娘や妻に対する呼び名）であった松子との結婚にこぎつける。

谷崎は松子夫人を至上の存在としてあがめ、その前にひれ伏したようだ。けれども、実在のだれかが百パーセント自分の理想どおりであるなどということは現実的にありえないから、結婚生活は多分に谷崎の演出によっていとなまれ、松子がそれにつき合ったという形なのだろう。まさに人形浄瑠璃を思わせる。いずれにしても、谷崎は「自分がその前に跪《ひざまず》いて礼拝するような心持になれるか、高く空の上へ引き上げられるような興奮を覚える」松子を妻とすることに一応成功したのだ。

『春琴抄』や『盲目物語』は松子を念頭において書かれた作品だという。『春琴抄』で、わがままで冷酷な少女に卑屈なまでに仕える佐助は谷崎自身である。そこにはマゾヒスティックな、谷崎の性的嗜好もあらわれているだろう。

さて、近年の日本の夫婦の、実に五十数パーセントがセックスレスだというデータがある。セックスの頻度も、諸外国にくらべて極端に低いことが指摘されている。ほかにも、コンドームの出荷数が減少傾向にあることなどから、日本人全体がセックスをしたがらなくなっているという事実があきらかになってきているのだ。

たしかに私も身近なところでそのような話を何度か聞いた。一人は、結婚十五年になる主婦で、「二人目の子どもを産んでから、もうずっとない」と言っていた。彼女の言う二人目の子どもは当時小学校三年生だった。また、結婚して二十年になる別の人は、「そんなの二十年ないよ。結婚してから五回ぐらいしかない」と言っていた。彼女はまた、「もう旦那とはそんなことできないよ。だって、家族じゃん?」とも言っていた。二人はそれでいいと思っていたのだろうか。

家族だから夫とはセックスできないと言っていた人は、夫ではない人とはセックスしたことがある。そしてこれはちょっとあとになってわかったことだが、彼女の夫も妻以外の人たちとはセックスしていたのだ。

『蓼喰う虫』の要を地で行くような話もある。ある男性は、結婚したいと思うような女には性的魅力を感じず、結婚する相手ではないと思うような女にそそられるというのだ。彼は結婚したいと思うような女には、自分を精神的に愛してくれることを求める。彼の話に合わせることのできる知性があって、見栄えもかならずしも悪くはない女だ。しかし、彼が性的に魅かれるのは、教養があるとはいいがたい、いわゆる不美人なのだ。

彼いわく、「ブスには何をしてもいいって気分になる」とのことだが、これはサディズムのあらわれではないだろうか。知的ではない女を彼は尊重してはいない。「何をしてもいい」という言葉は、彼がその女たちを大切にあつかってはいないということをあらわしている。彼はその女たちを愛しているからセックスするのではない。彼にとってその女たちは、要の言う「玩具」である。人間ではない。

セックスは愛情の表現ではなく、軽蔑や侮蔑の表現ともなりうるという。彼の中には、もしかしたら蓄積した憎しみの感情があり、それがそのような形で出てくるのかもしれない。

彼は要のように、「神」としての女を求めているわけではないが、愛し、愛されるという夢は捨てきれず、どこかにそんな夢をかなえてくれる女がいるかもしれないと思っている。そして、そんな結婚したいと思うような女に出会ったときは、マゾヒスティックに支配されがちになる。

彼も要（あるいは谷崎本人）と同様に、男女の関係性がサディズムとマゾヒズム、支配と被支配の関係に落ち着いてしまうのではないだろうか。

最初に言ったように、谷崎潤一郎には母を思慕するような作品が多い。あらゆるところに母の影が差している。谷崎のことをいわゆるマザコンと言ってもさしつかえはないだろう。

要（谷崎）と同じように、男女の関係性が、サディズムとマゾヒズム、支配と被支配の関係に落ち着いてしまう人は一種のマザコンであろう。そのような人は、母親に溺愛されたわけではない。その人の母親のほうがむしろ子どもに愛されたがっていたのだ。そしてその愛の証《あかし》として、自分の思うとおりの子どもになることを要求したに違いない。

自分の言うとおりにしたら愛してあげる、という条件付きの愛は本当の愛ではない。条件付きでしか愛されない人は、母を喜ばすため、母に愛されるため、本来の自分を押し隠し、必死でがんばらなければいけない。母の思うとおりの子どもになろうとして、母に支配されつつ成長することになってしまう。

一般に誤解されがちだが、マザコンというのは、母に愛されすぎてなるものではない。本当の意味で、母に愛されなかったからなるものだ。マザコンには、母に、愛されたくてなるものなのだ。母に愛されたい、愛されたいと思いながら恋愛や結婚をしてもうまくはいかない。相手が絶対に与えることができないものを求めてしまうからだ。一方、本当の意味で母に愛された子どもは、幸せな恋愛や結婚ができる。母が自分にしてくれたように、相手を愛せばいいからだ。
精神医学者の福島章は、「子どもがこの世界ではじめて出会う他者が母親であり、人間の対象関係の最初の原型が母との関係である」と言って、その欠落やゆがみが配偶関係にも影響するとしている。
福島は、ユング派の精神分析家・河合隼雄が述べたグレート・マザー（太母）をもち出して次のように言う。

母親は産み、養い育て、抱く存在であるとともに、ときとすると包みこみ、呑みこみ、子の自立を妨げる存在でもある。（中略）母親がいつまでも子どもと一体感を保ちつづけ、子どもを自分の腕の中にかかえておこうとすると、子どもは大人として自立することができないばかりでなく、男として機能することもできないことになる。

河合も指摘していたそうだが、福島によると、「日本文化は母性が強調される文化」だという。そして母親が、いつまでも子どもを乳幼児のように「世話し、支配し、拘束する」と、「その拘束から離脱し、独立した個として旅立つことは、とくに日本の息子たちの場合に大変な事業であり、しばしば罪悪感を伴うことさえある」と懸念するのだ。

この問題を母親の側からみるとどうなるか。興味深い例がある。

絵本作家として著名だった佐野洋子は「母を殺せ」と言っている。

佐野の子どもは男の子一人だった。ある時友達の夫に、自分の息子を見る目つきが「何とも言えずダランと」していると言われ、子どものころから母親には兄と差をつけられて育ち、うすうすは気づいていたが、「母親というものはどうも男の子がめっぽう好きなのだ」とはっきり自覚する。

「ダラリン」と息子にのぼせている母親を女の原型などと思っていると、人間の成熟に決定的な支障をきたす。

母親は限りなく自分勝手なのである。

自分勝手に息子を愛するのである。

もう自分のためにだけである。

「男は母を人格抜きで絶対なものと思う」と佐野は言うが、それは谷崎潤一郎そのものではないか。谷崎は佐野に、「馬鹿だねー。母親なぞ、ただの男好きだとなぜ思わない。女の子と男の子を産むと、ただただ理由もなく男の子が好きなスケベーなのだ」と言われてもしかたない。

母親と父親がしっかり愛し合っていれば、息子に横恋慕などしないのであるが、その父親が、おのれの母親に横恋慕されて育てられたのであるから、もう女の愛し方なんか知らないのである。

女は母であると思ってしまうのである。

エロスは母と息子の間にしか存在しなくなって久しいのである。

スケベーな母親にヘロヘロ愛されて、骨抜きになってはいけないのである。

佐野のこの言葉は、もうそのまま、日本の男女関係における問題をみごとに言いつくしてはいないだろうか。「エロスは母と息子の間にしか存在しなくなって久しい」、たしかに、谷崎潤一郎のころにはすでにそうだったようである。

母親は、自分が愛してほしい男（夫）から愛してもらえない。だから、自分を愛してくれる、自分の思いどおりになる男を一人、確保しようとする。その男（それが息子だ）が絶対に自分を裏切らないように育てる。子どもは白紙で生まれてくるのだから、そこには何でも書くことができる。母が自分の思いどおり、自分に絶対の忠誠を誓う男の子を育てるのは簡単なのだ。

「母親と父親がしっかり愛し合っていれば」とあるが、これができればそれこそ、この世のすべての問題が一気に解決するかもしれない。戦争だって起こらなくなるだろう。けれども、それがはなはだ難しい。問題は代々先送りされ、そこら中、愛し合えないカップルばかりになって、今日本は、セックスレス大国になっている。

セックスも人間同士のコミュニケーションの方法の一つである。セックスにまつわる不幸な話がこうも多いというのは、そもそも日本のあちこちで、人間同士のつき合いがうまくいっていないということだ。なぜか。「子どもがこの世界ではじめて出会う他者が母親であり、人間の対象関係の最初の原型が母との関係である」（福島）のに、その母親との関係がゆがんだものであるから、日本には不幸な人間関係と、不幸なカップルが多いのだ。

だからこそ、佐野は「自分の目でスケベーな母親をしっかり見て、可哀そうな病人だと思って、母なる大地なんぞと思うな」と言う。

男の子は十歳になったら、内なる母を殺せ。自分勝手な気味悪い母は自らを殺したり絶対しないからね。

体を張って母を殺せ。

佐野は生涯で二回離婚している。「母を殺せ」と言いながら、「は、は、は、他人は離婚できるもんね、私みたいに。息子は離婚なんかできないもんねー」とも言ってしまう自分に気づいている。気づいていてもなかなか解決しない問題なのである。

第二章　現実の中の愛し合えない人たち

愛し合えない人たちはたくさんいる。私の両親も愛し合えない夫婦だった。愛し合っていない夫婦の子どもは愛せない子どもになり、成長してから、自分自身の愛情問題をかかえがちになる。

愛情問題に悩む人は、自分とパートナーの間に四人の親がいることを思い出すことだ。二人の間には、それぞれの四人の親がいて、だから二人は愛し合えないということがある。愛し合えない親は、そうやって間接的にも子どもを不幸にしてしまうのだ。

1、お母さんはかわいそう？

一人で母親の介護をして、最期を看取るという忠実な息子の話をときどき聞くが、母親に忠実な娘も多い。かく言う私がその一人だった。

私の母は、たしかに苦労人だった。子どものころに戦争があり、物のない時代を経験している。私の祖父である母の父親は早くに応召し、フィリピンで戦死した。持病で戦地の病院に入院中に戦局が悪化し、どうやら自決したらしい。母の母である、戦争未亡人となった私の祖母は、お嬢様育ちでまったく頼りにならない人だった。父親亡きあと、自分にべったり寄りかかるかわいそうな母親をけなげにささえながら、弟たちのためにも、母は進学をあきらめ、若いうちから働き始めた。

結婚後の境遇も、めぐまれていたとは言えないかもしれない。田舎の大家族の長男に嫁ぎ、母はまずその複雑な人間関係に悩まされた。私の祖父母である舅、姑との同居はもちろん、その家には、夫（私の父）の年の離れた弟（私の叔父）や、出戻った妹（私の叔母）までいたのだ。同情できないことはない。

母は結婚後も仕事を続けていたので、ずいぶん忙しい日々をおくっていた。母によれば、姑である私の祖母は家事のほとんどをせず、すべて働いている母にさせたということだ。母は、結婚当初、義理の弟である叔父の毎日の弁当まで作っていたと、私は何度も聞かされた。たしかに私がおぼえているかぎりでも、当時祖母は家事をほとんどしていなかった。母は毎朝早くから洗濯や炊事をし、大慌てで出勤する。仕事が終わって急いで買い物し、帰宅してから夕飯の準備をして、家族に食べさせたらあと片付けだ。子どものころ、母といっしょに入浴していたら、母が湯船につかったまま眠ってしまったことがある。よほど疲れていたのだろう。

私は祖母が苦手だった。祖母は教養がなかったにもかかわらず、すこぶる頭のいい人で、底知れぬ恐ろしさを感じさせた。そんな祖母と母の間にはご多分にもれず、嫁姑問題があった。そして祖母はいつでも、私を自分の味方につけようとした。祖母はことあるごとに、私に母の悪口を言ったのだ。

けれどもそれは逆効果だった。祖母が母のことを悪く言えば言うほど、私は母に同情した。自分の身を削ってあんなに忙しく働いている母になんてことを言うのだと、私は母の弁護をした。すると祖母は、「やっぱり親の肩をもつんだね」と不服そうによく言っていた。

さて、こんな家族の中で父がどんな役目をはたしていたかと言うと、私の見るかぎり、たいしたことはしていない。家族みんながうまくつき合っていけるように配慮するなどということはまったくなく、時間があれば、一人で自分の趣味に没頭するような人だった。実際父はいろいろな趣味をもっていて、自宅には、考古学や歴史、民俗学などの大量の書籍や、なぜか天体望遠鏡まであった。「あの人は孤独を愛する人だから」と言って、母は何も言わなかったのだ。私の両親は、愛し合えないどころか、ケンカすらまともにできない夫婦だった。

田舎の大家族のこと、毎年の正月が問題だった。父の弟妹をはじめ、たくさんの親類が家にやってくる。ところが、ほぼ毎年、家長である父がいない。父は暮れの二十八日に仕事が終わると、年末年始は趣味のスキーに一人で出かけてしまうのだ。私たち姉妹も小学校高学年くらいになると、父に連れられていっしょにスキーに行ったが（母は留守番である）、なんだかちっとも楽しくなかったことをおぼえている。父の趣味につき合わされているという意識があったのだろう。

一方、母は不満をつのらせながら、一人であわただしい正月を切り盛りしたのだ。

父はこのように、一見、自分の好きなように生きて、ストレスもなさそうな人に見えたが、職場ではあまり評価されていなかったらしく（なんでも、上司に向かって正論をぶって、煙たがられたらしい）、ときどき家でかんしゃくをおこした。私も、父の機嫌が悪いときにふざけていて、突然手をあげられたことがある。本当に不愉快な思い出の一つだ。

こんな家族の中で負担の多い生活を続けて、さすがの母も何度か爆発した。私の記憶では、母は二、三回は家出した。おもに、祖母と、そして父に向かって啖呵《たんか》をきって出て行ったのだ。寂しかったのは、私が母に加勢をしても、母には感謝してもらえなかったことだ。母は一番下の妹だけを連れて、当時一人暮らしをしていた自分の叔母の家へ行った。

当時は万事こんな調子だったが、私の母は、かわいそうなお母さんだろうか。

大学に通うため、実家を出て一人暮らしを始めてから私は疑問に思ったことがある。母はなぜ、私たち姉妹にもっと家事をさせなかったのかということだ。はじめての一人暮らしで、洗濯も炊事も、掃除も一人でやらなければならない。でも私は実家でやっていなかったので、勝手がわからない。「お母さんが教えてくれていればよかったのに」、と単純に思ったのだ。

母は、大家族をかかえながらフルタイムで仕事をしていて、その上家事もほとんど一人で担っていた。そしていつも、「忙しい、忙しい」と言っては、ピリピリしていた。私たち姉妹がケンカをすると（たいてい私が怒られたのだが）、この世の終わりとばかりに激怒した。「私がこんなに忙しくしてるのに、あんたたちは何をしてるの！」というわけだ。けれども、忙しくて、イライラして子どもたちにあたるくらいなら、当の子どもたちに家事をさせればよかったのではないか。子どもたちだっていつまでも手のかかる幼児ではないのだから、家事を教えて、分担させればよかったのだ。それなのに、なぜ母は、すべてを一人でかかえ込んでいたのだろう。

今考えると、母は、何でも一人でやりたかったからなのではないかと思うのだ。母は、苦労はすべて自分一人で背負いたかった。なぜか。一つには、母はよく、「この世は苦の娑婆だ」と言っていたが、そのような考え方から抜け出ることができなかったからだろう。子どものころに戦争を経験して、苦労に苦労を重ねてきた母には、生きることの楽しい側面は見えていなかったのに違いない。「苦しいのが人生」、「人生、苦労してなんぼ」と思っていたのだ。

母に、「私は毎日こんなにがんばっているのよ」という姿を見せられたり、「私はこんなによくやっているのよ」と言われたりするたびに、私の気分は重くなった。母はよく私に、「だれも協力してくれない！」、「この家がもっているのはお母さんがいるからだ」と言っていた。母によれば、母がいなければ家族の生活は成り立たず、すべてめちゃくちゃになってしまうというのだった。母は私に自分のことを認めさせたかったのだ。

母の言い分は、「自分は自分のことを犠牲にして、家族のためにつくしている」というものだった。母は、自分は非協力的な家族の被害者だとして、私たちの同情を買い、そして、そんな家族のために自分を犠牲にできると主張することで、私たちの尊敬を得ようとしたのだ。私は母の術中にまんまとはまった。私は長い間、「自分を犠牲にして家族につくす母」に同情するだけでなく、そんな母を尊敬してしまっていたのだ。

私の母はかわいそうなお母さんだろうか。

母は、かわいそうだと言えばかわいそうだし、かわいそうではないと言えばかわいそうではないだろう。母はけっして幸せな人ではなかった。その生い立ちはめぐまれたものではなかった。

大家族の中で、ただ生活を続けるために毎日身を粉にして働いて、楽しむことを知らなかった。夫とも、心を通わせる親密な関係を築けなかった。母が不幸な境遇に生まれついたのは母の責任ではない。でもだからと言って、母は何もしなくてもよかったのだろうか。

母は、私が母に同情していたことを知っていたから、私にいろいろなことをさせることができた。たしかに家事はさせなかった。けれども、それ以上に大切なこと、本来は自分でしなければならなかったことを私に代わりにさせていたのだ。私は、父や祖母をはじめとする、母が自分で向き合わなくてはならなかった相手に母の代理として向き合い、交渉する役目を仰せつかってしまっていたのだ。

もちろん、母が私に直接そうしろと命令したわけではない。母の日ごろの態度と言動から、私が母の本心を推し量って、父や祖母に伝えたのだ。ときには母の弁護もした。そうして、家族の中に波風が立たないよう、私は調整役を引き受けてしまっていたのだ。どうしてそんなことをしたかと言うと、母が「かわいそう」だと思っていたからだ。母が自分のことを「かわいそう」だと暗に言い募っていたからだ。実際に言葉にして言っていたわけではないけれど、母は、自分は被害者であり犠牲者であるというメッセージを私に発し続けていたのだ。

父との関係にしろ、祖母との関係にしろ、大家族の中の自分の役割のことにしろ、それらはすべて母の問題だ。母がきちんと向き合って、自分で解決しなければならなかった問題だ。自分の人生に責任をもって、自分で引き受けなければならなかった問題なのだ。それなのに、そうとは意識しないで、母は私にそれらの問題の解決を押しつけてしまっていた。そればかりか、問題が起こったとき、自分で自分の気持ちを処理できなくて、私にその嫌《いや》な気分をぶつけたりした。いわゆる八つ当たりだ。「私がこんなに気分が悪いのは、おまえのせいだ」と言ったのだ。

私はずいぶん長い間、そんな母のたくらみに気づかなかった。母もまた、私をそんなふうに利用していたなどとは夢にも思っていなかっただろう。けれども、私はもう、単純に母を「かわいそう」だなどとは思えなくなってしまった。

母はよく、「戦争がなかったら、こんな家には嫁に来ていなかった」と言っていた。私はその言葉を聞くたびに寂しい気持ちになった。母が父と結婚していなかったら、私たち子どもはいなかったのだ。「私なんか、いらないということ?」と思った。そして、その時そう感じたことが深刻な傷になっていたことには、もっとずっとあとにならないと気づかなかった。

「かわいそうなお母さん」の多くは、私の母のように、子どもに自分の問題の解決を押しつけてしまうようだ。そして、そんなこと無理に決まっているのに、子どもが問題を解決できなかったら、「私がこんな嫌な気分になるのは、おまえのせいだ!」となじってしまう。けれどもそれは、自分の人生を自分で引き受けない無責任で理不尽な態度だとも言える。

残念ながら、私の母のほかにも「かわいそうなお母さん」はたくさんいる。この間も、「お母さんがかわいそうだ」と言って、私の目の前で泣いた人がいる。その人は「いい娘」なのだ。その人によれば、その人のお母さんは不幸だったという。お父さんがお母さんのほかに女の人をつくっていて、お母さんはずっと耐え忍んできたというのだ。その人は「かわいそうなお母さん」のために、親孝行をしてあげたいと言い、実際ずいぶんつくしているようだ。「でも」、と私は思った。「それはお母さんの問題で、あなたの問題ではないでしょう?」と言いたかった。

夫婦の関係がうまくいっていないと、母親が子どもを抱きこんで自分の味方につけ、父親に対抗しようとすることがある。私の知っている人はお母さんと仲がよく、お母さんのために家を建てたような人だが、その人も、お母さんにとってのとても「いい娘」だった。その人の話を聞いていると、お母さんはしょっちゅうお父さんのことを悪く言っていたらしいことがわかる。お母さんのことが大好きなその人はお母さんの言うことをすべて信じて、お母さんといっしょにお父さんを責めていたらしい。お父さんは本当にそんなにひどい人だったのだろうかと、私は疑わないわけにはいかなかった。

私の母の場合も、そんなに嫌だったら家を出ればよかったのに、と思う。正規の仕事をしていたのだから、経済的な問題はなかったはずである。それから、父に対しても、祖母に対しても、自分で交渉しなければいけなかった。たしかに、それらはそんなに簡単なことではない。ずいぶんと覚悟のいることだろう。それでも、子どもに自分の問題を肩代わりさせるのはよくない。なぜなら、それでは子どもの人生を乗っ取ってしまうことになるからだ。子どもには子どもの課題があるのに、母親の問題の解決までしなければならなかったら、子どもは本来の自分の人生を生きることができなくなってしまう。

自分の問題を解決できるのは自分だけだ。自分を幸せにできるのは自分だけだ。大変なことだけれども、だれもが自分の力を信じて、自分の課題と人生を引き受けるしかない。もしもだれかが一時的に肩代わりしてくれたとしても、その問題の原因は自分の中にもあるのだから、自分自身で解決しないかぎり、同じような問題がまた発生する。

「かわいそう」な人がいたら、手助けしてあげるのはよい。けれども、その人の問題を自分が解決してあげなければいけないと思う必要はない。なぜなら、そうしてあげても問題の根本的な解決にはならないからだ。

困難を乗り越えることができたとき、私たちは大きな喜びを感じる。達成感と解放感をおぼえて、自信がたしかなものになる。だから、だれかの問題を代わりに解決してあげてしまったら、その人が、そんな幸福を味わう機会を奪ってしまうことになる。それは、それがたとえ自分の「かわいそうなお母さん」であっても、なのだが、子どもにそんなことはわからない。かわいそうなお母さんの子どもこそかわいそうなのだ。

2、母親に忠実すぎる息子たち

この間も、そんな息子の一人の話を聞いたばかりだ。その人はすでに還暦を超えた年齢で、これまで一度も結婚したことがない。長い間、両親と暮らしていて、お父さんが亡くなったあとは、お母さんと二人暮らしだったそうだ。先日、そのお母さんが亡くなった。すると、その人はとたんに生きる気力さえなくしてしまったというのだ。

単なるマザコン男の話だろうと言われるかもしれない。けれども、これを単なるマザコン男の話として片付けてしまってもよいだろうか。そのマザコン男だが、意外と多くはないか。身近に思い当たる人がいないか。

マザコン男はかわいそうだ。でも、マザコン男は危険だ。無害なマザコン男などいないと思う。その人が、まわりにどんな害を与えるかと言うといろいろだが、マザコン男は自分の母親以外の人間を不幸にする。場合によっては、はからずも、当の母親自身を不幸にする。そして、何よりも、マザコン男は自分自身が幸せではないことが多い。

儒教の影響か、日本では親孝行をよいことだとする考えが根強く、親をないがしろにすると後ろめたく感じる人が多いようだ。だから、母親を大事にする息子はほめられこそすれ、非難されることはあまりない。けれども、母親に忠実すぎる息子が結婚していた場合、その妻はどうなるだろう。マザコン男の妻は、その相手と結婚したことをきっと後悔するだろう。

母親に忠実すぎる息子は、モラルハラスメントの加害者になることがある。

モラルハラスメントをする人は、自分は善悪の基準を知っているから、その相手のために、その人の欠点を指摘してやるのだと信じている。そこで「それではダメだ」、「こうしなければ」、「ああしなければ」と言う。ところがそれは、実際は自分の考えを押しつける、たんなる言葉の暴力であることが多い。モラルハラスメントをされたほうは、精神的に追いつめられていく。

私の知人にもそのような人がいた。その人は当時すでに離婚しており、高齢のお母さんを一人で暮らしていた自宅に引き取って、自分の手で介護していた。

ある時私は、その人がお母さんの介護の様子を語っているのを聞いた。

「風呂でねえ、こうやって髪の毛を洗ってやるでしょう？　そうすると、実に気持ちよさそうにするんですよ」

その人は、自分自身が気持ちよさそうにそう言っていた。そのころの私は問題の核心にまだ気づいていなかったので、その話を美談として聞いてしまった。「いい話ですねえ」などと言って、本気で感心してしまったのだ。

実を言うと私は、そのころ、その人のことを少し苦手に感じていた。その人は、周囲の人が自分と意見が合わないと、徹底的に論破しようとするような人だったからだ。何かの折に、私が自分の意見を言ったら、「違う！」と吐き捨てるように言われたことがある。同じような経験をした人はほかにもいたらしい。その人の評判は、だいたい私の印象と変わらないようなものだった。その人は、自分が正しいと思ったら、間違っていると思う相手を容赦《ようしゃ》なく攻撃するような人だったのだ。

私がその人のことを信頼できなかった理由はほかにもある。その人は、偉い人に対しては、絶対に逆らうようなことをしないところがあったのだ。比較的自由な発言が許されているところでも、先生と呼ばれるような人に対して、その人が反論しているところを見たことがない。私があんな言い方をされたのは、結局下に見られていたからで、その人は権威のある人にそんな言い方は絶対にしない。その人は、権威に弱いのだと思わないわけにはいかなかった。

「ああ、これでは奥さんも出て行くな」というのが、その人に対する私の正直な印象だった。その人は自分の妻だった人にも、自分が正しいと思ったら、そちらが間違っているとして、厳しく言っていたのではないだろうか。おそらくは、生活のあらゆる場面で、奥さんはその人に「そうではない！」と言われ続けたことだろう。何年続いたのかは知らないが、その人の元妻は、その人との結婚生活の中で、自分を否定され続けていたと想像されるのだ。その人の離婚はモラハラ離婚の典型だったのではと思われる。

もっとも、モラハラ離婚をした人の中には、母親に忠実ではない息子もいる。忠実どころか、むしろ母親とは折り合いが悪かったというのだ。

私の聞いたある人の例であるが、その人は母親とそりが合わず、何年も行き来していなかったということだ。いわゆるマザコンではないので、妻との関係を大事にしていたのかと思えばそうでもなく、ある時日ごろの生活に不満をもっていた妻子が突然出て行ったという。そして、その離婚の原因が、モラルハラスメントだったというのだ。

妻子に出て行かれたその人は、どうしてそんなことになったのか見当もつかなかったようだ。その人の言い分としては、「ちゃんと働いて妻子を養っている、借金をつくったわけでもない、浮気をしたわけでもない、何も悪いことはしていない」と言うのだが、周囲の人は離婚の原因に気づいていた。その人は、妻をいつも厳しく批判していた。取るに足らないことで、妻を非難するようなモラルハラスメントをくり返していたというのだ。

モラルハラスメントが原因で離婚するような男の人たちは、母親に忠実すぎるか、もしくは母親には激しい反感をもっていることがあるのではないか。どちらにしても、その人たちは母親に強く影響されている。自分の役に立つ息子に育てようとして、成功したお母さんと失敗したお母さんということか。いずれにしても、その人たちは、そのようなお母さんに育てられたから、モラルハラスメントをするような夫になってしまったと言えそうだ。

人間は、自分が学んだことしかできない。幼いころから見ている自分のまわりの人の言動や行動をまねして生きていくことしかできない。学ぶ相手は、親や祖父母などの身近な大人だ。子どもは、自分を守り、愛してくれるはずのその人たちを信じるしかない。今では後悔することしきりだが、私も自分の尊敬する、母のまねをしてしまっていた。こんなとき、母はどう言っていたか、どんな行動をとっていたか、思い出してはそのまねを何度もしてしまった。そして、私はモラルハラスメントの加害者になってしまったのだ。

今思えば、私の母は劣等感の固まりのような人だった。自分のことを無力だと強く感じてもいたのだろう。自分の長女である私に対して、「あんた、そんなこともできないの？　お母さんなんか、こんなにできる」といったようなことをよく言っていた。母は、自分が無力で劣っているなどと思いたくなくて、私のことを落として、自分のほうが優位にいると思いたかったのだろう。

母は私に対して、ことあるごとに「みっともない、私に恥をかかせるな」というようなことを言ったが、そのほかにも、何か自分の気分が悪くなるようなことがあると、かならずその原因は私だと決めつけて非難した。私はそのたびに罪悪感にかられ、自分で自分のことがイヤになっていった。

私の母のようなお母さんに育てられたという人は、程度の差こそあれ、案外少なくないのではないだろうか。モラルハラスメントと言ってしまうとずいぶん大げさな感じがするが、私の母のやり方は、モラルハラスメントの定義と一致している。

そしてこれもずいぶん勝手なことだと言わざるをえないのだが、私の母は、一方では私をこき下ろし、また一方では私にとりすがっていた。母は暗黙のうちに、「私はかわいそうな犠牲者なのだから、おまえは私を助けなければいけない」と私にメッセージを送ってきた。母は自分のことを無力だと思っていて、だれかにすがりたかったのだ。母の理屈では、彼女は不運で善良な被害者なのだった。

私は、本当の自分の姿や気持ちを見失いつつ、とにかく、母のために、母を喜ばせることをしなければと思いながら長い間過ごしてきてしまった。なんとか母に認めてもらいたいと思っていたのだろう。そして、母以外の、自分の身近にいた人に対しては、まるでその自分の母のように振る舞ってしまったのだ。

母親に忠実すぎる息子たちも、性別こそ違うものの、私の母のようなモラルハラスメントをするか、子どもが自分の思うとおりにしたときだけ認めるような、条件つきの愛を与えるお母さんに育てられた可能性が高い。そういう息子たちは、お母さんのために、お母さんを喜ばせるために、さまざまなことをお母さんにしてあげたのではないだろうか。

そのような息子たちは、お母さんに対しては実に献身的だ。前にあげた私の知人のほかにも、お母さんの介護を一手に引き受け、「自分の母親なんだからちっとも苦にはならない」と言っていた人がある。そう言えばその人も離婚していた。

お母さんに忠実な息子たちは、お母さんには忠実でも、妻にはそうではない。妻に対しては、かつて自分がお母さんにされていたことをしてしまうのだ。彼らはそれを悪いことだとまったく思っていない。なぜならば、それは敬愛する自分のお母さんが自分にしていたことだからだ。

私の母がそうであったように、子どもにモラルハラスメントのようなことをするお母さんが子どもを愛しているということはない。そのようなお母さんは、残念ながら、子どもを否定しながら、子どもに依存するというご都合主義の支配者でしかない。けれども、だからこそ、そのようなお母さんは、生涯子どもに愛されるということになる。正確に言うと、生涯、子どもに愛を乞われるということになる。

なぜなら、子どもは自分のことを認めてほしいばかりに、そんなお母さんのために、献身的につくしてしまうことになるからだ。そして、その支配に子どもが気づかないかぎり、お母さんはずっと子どもを支配し続けることができる。

前にマザコン男は母親以外の人間を不幸にすると言ったが、例外もある。それは、母親に忠実すぎるあまり、自分を否定しつくして、息子が自分で自分の身を滅ぼしてしまうという場合だ。自分を否定し続けていれば精神疾患にかかったり、何かの依存症になったりすることがあるが、そうなるとその原因をつくった母親が今度はそんな息子に手を焼く、ということになる。また、もっと極端な場合、自己否定をし続けたあげく、息子が自殺するということすらある。そうなると母親も不幸だ。

昭和の大事件と言われる三島由紀夫の割腹事件を思い出す。昭和の文壇のスターだった三島は、母親思いだったことで有名だ。芝居や食事に誘ったり、遠出をしたら手に入りにくいおみやげを持って帰ったりしていた。また、死ぬ前日まで毎晩母親におやすみなさいの挨拶を欠かさなかったということだ。頼り切っていた息子をあのような形で失って、三島の母親は、最後は自分が不幸になってしまった。

母と子の問題は、母と娘より、母と息子のほうがより深刻かもしれない。母と娘の問題は、同性だからだろうか、母が自分に対して、競争心をもったり嫉妬したりするのを娘がなんとなく感じて、「何かがおかしい」と気づきやすい。けれども、男の子をもつ母親は、そもそも自分の息子と張り合ったりしようとは思わないだろう。張り合うどころか、もうメロメロに愛してしまうらしいのだ。もっとも、それを「愛」と言えるのであれば、だが。

谷崎潤一郎の『蓼喰う虫』を取り上げたところでもふれたが、絵本作家として活躍した佐野洋子のエッセイの一節に、「母を殺せ」というのがある。佐野には息子が一人いた。佐野は、「母親というものはどうも男の子がめっぽう好きなのだ」と言う。

ある時佐野は友人の夫に、自分の息子を見る目付きが「何とも言えずダランとした目付き」だと言われ、息子に対する自分の感情に気づいた。驚いた佐野は男の子をもつ友人たちに、娘と息子とではどちらがかわいいかと尋ねたが、友人たちもみな息子のほうがかわいいと言ったというのである。

佐野によれば、「母親は限りなく自分勝手」で、「自分勝手に息子を愛する」のだそうだ。「母親と父親がしっかり愛し合っていれば、息子に横恋慕などしないのであるが、その父親が、おのれの母親に横恋慕されて育てられたのであるから、」「女の愛し方なんか知らない」という。その結果、息子は代々「女は母であると思って」しまい、「エロスは母と息子の間にしか存在しなくなって久しい」というのだ。

だから佐野は、「母を殺せ」と言う。

佐野は自分自身が、母親との関係に困難をかかえていた人だった。佐野には、自分の母との確執をテーマにしたエッセイもあり、その中で、四歳くらいの時、手をつなごうとして母親の手に自分の手を差し入れたら、チッと舌打ちして振り払われた経験を象徴的に書いている。佐野の母は、娘に嫉妬をしながら佐野を育てたらしく、そのエッセイからも、母と娘の厳しい関係性が見えてくる。佐野もその母親から愛されず、また愛し方を教えてもらえなかったのだ。

佐野はかわいそうな子どもだった。佐野自身が愛されなかった不幸な子どもで、不幸なまま親になり、息子をもったのだ。

愛されなかった親は、子どもをもつと、子どもに愛してもらいたいと強く願う。子どもは親を愛するという役目を仰《おお》せつかるのだ。しかも、その子どもが異性であったとき、佐野の言う「エロス」を介在させて、親は子どもに愛してもらいたいと願うのだろう。かくて、母親は息子を愛、する。けれどもその愛は恐ろしい。息子を「骨抜き」にする。母以外の女を愛せなくしてしまう。母親に忠実すぎる息子たちは、母に愛されて、母を殺すなんて思いもしなかったのだろう。母を殺さず、母とともに生きて、その最期を看取る。彼らの人生は、彼ら自身のためにではなく、母のためにあったようなものではないか。

自分の人生を自分のものにするためには、佐野の言うように、象徴的な親殺しが必要だろう。親の身勝手な愛を振り捨て、自分が愛したい人を、本当の意味で愛せるようになることだ。親殺しを断行し、母親による「横恋慕」の連鎖をどこかで断ち切らないと、連綿と愛し合えない夫婦が代々生まれ続け、永遠に子どもが幸せになれない。

3、結婚している男《ひと》にしか興味のない女《ひと》

親との問題をかかえたまま成長した人は、愛情関係のトラブルを起こすことがある。そのような人は、もっとも愛され、甘えたい幼いころに、親から愛してもらえなかった人だ。支払ってもらえなかった愛情のツケは、成長してから子どもが自分で清算しなくてはならない。恋愛や結婚をとおして、愛の負債を愛で返そうとするのだ。けれどもそのときに、いろいろなトラブルや不

幸に見舞われる。中には、自分から愛情問題を引き起こす成長した子どももいる。

自分が一番愛情を必要としていたときに、親が愛してくれなかったことを、意識している子どももいれば、意識できていない子どももいる。意識できていない子どもは、親は自分を愛してくれたと信じていることさえあるが、無意識の中では実は傷ついている。子どものころ、親は自分を愛してくれなかった。自分が助けを求めていたとき、助けてくれなかった。甘えることを許してくれなかった。そのたびに怒りがわき、絶望感がつのった。けれどもそれを親に訴えたところでよいことなどありそうもない。もっとひどい目にあう可能性すらある。だれにも言えずに孤独の中で、子どもは怒りと絶望感を無意識の中に封じ込めるのだ。

無意識のうちに封じ込められた怒りほど恐ろしいものはない。無意識の中に怒りをため込んだ人は、どうしても怒りっぽくなる。ちょっとしたことですぐに腹を立てる。ほかの人が見たらどうということもないことに腹を立て、まわりの人を困惑させる。でもその怒りは本物なのだ。その人は絶望的なまでに怒っている。そして、その怒りの本当の原因に気づかないから、同じことをくり返す。とりあえず一度怒りがおさまっても、何かが起こるとすぐにまた腹を立てるのだ。

怒りをおさめるには、怒りの原因と向き合うことが必要だ。自分はなぜこんなに腹が立っているのか、自分のことを怒らせたのは何だったのか、だれが自分を怒らせたのかを突き止めないといけない。これといった理由もないのに、心の中にしつこい怒りの感情が居座っている場合、それは幼いころに自分に愛情を与えてくれなかった親に対する怒りかもしれない。

けれども、そのことに気づける人は多くない。親を悪く思いたくないという気持ちから、愛されなかった子どもは、親は自分を愛してくれていたはずだと思い込む。あるいは、親に愛されなかったみじめな自分というものを受け容れることができず、それでも親は自分を愛してくれていたと信じようとする。そうしていつまでもおさまらない怒りを、自分がかかわる親以外の人にぶつけてしまうのだ。

親に対する封じ込めた怒りをもつ人の恋愛や結婚は、やはり波乱に満ちたものになることが多い。そのような人は、愛することも愛されることも学ばずに成長しているので、どうしてもトラブルを避けられない。恋愛や結婚において、相手を傷つけたり、相手から傷つけられたりということが起こってしまうのだ。そうして、恋愛や結婚をしても愛情飢餓感が満たされなかった人は、積極的にであれ、結果的にであれ、人を傷つけることになる。

その女《ひと》は当時二十代前半の年齢で、すでに二人の子どもがいた。二十歳そこそこで結婚した夫には不満があり、何かと口実を見つけては子どもをほうって出歩いていた。ある時、いつも行く居酒屋で、彼女は格好の獲物を見つけた。居酒屋にいるにしてはちょっと品のいい、三十台半ばくらいの男性だ。迷わずその人に近づき、声をかけた。

声をかけられた男性も妻帯者ではあったが、仕事や毎日の生活に迷っていたころだったので、あっさりその女《ひと》について行った。そうして二人はダブル不倫状態におちいった。その後その女《ひと》はいつの間にか離婚し、それもあってか、それから十五、六年以上、途中何度かとぎれた時期をはさんで、結婚に進展することなく関係が続いた。男性は何度も別れようと言って別れたつもりになるのだが、しばらくするとまたその女《ひと》が連絡してきて、なかなか別れることができなかった。

その女《ひと》はどうしてその男性に執着したのだろう。一つには、その男性が、世間の人から一目置かれるような職業についていたからだろう。彼女は彼の職業を聞いた時、千載一遇のチャンスと思ったに違いない。そのような仕事をしている男性の妻になれば、みんなからうらやましがられると思ったのではないか。だから、何をしても、何年かかっても、彼の妻を追い落とそうと思ったのだろう。

そしてもう一つ考えられるのは、彼女の中にある自分の親に対する封じ込めた怒りだ。そこにはおそらくすさまじいものがある。

彼女の生い立ちはめぐまれたものではなかった。ごく幼いころに父親が死んで、母親だけになった。すると母親はなんと、幼い彼女と弟をほったらかして、男の人をつくっては家をあけた。

そんなことが続いたために、彼女と弟は養護施設に預けられて、そこで大きくなったのだ。彼女が経験したことは典型的な育児放棄だ。同じようにシングルマザーが、子どもをおいて男の人のところに行ってしまい、子どもが餓死するという事件が一時期相次いだ。彼女と弟も、施設に預けられなかったら命の危険さえあったのだ。

けれども、そんな目にあっていながら不思議なのは、彼女も弟も、母親を恨んでいるようには見えなかったことだ。弟はそんな母親と同居し、彼女自身も母親とは頻繁に行き来していた。恨んでいるどころか、今もまだそんな母親に自分のことを認めてもらいたがっているのではないかとさえ思われる様子を見せていた。彼女がその男性となんとしてでも別れまいとしたのは、いつかその社会的地位の高い人と結婚して、母親にほめてもらいたかったからなのではないか。彼女はやはり、自分の中のとてつもない怒りの原因に気づいていなかった。そして、その怒りがだれに対するものであったかにも気づいていなかったようだ。

母親に育児放棄をされて愛情深い人間に育つというのは至難のわざだ。人間は学んだことしかできない。愛すること、愛されることを学ばないで成長して、愛することのできる人にはまずなれない。親に愛されなくても、身近な大人が子どもを愛して育てたなら、その子は愛せる人になるかもしれない。けれども彼女もそのような幸運にはめぐまれなかったようだ。

母親に育児放棄された彼女は、自分の子どもに対しても同じことをした。夫に不満だからといって、ほかに男の人をつくって、子どもをおいて出歩いていたのだ。不倫を始めたころ、彼女の下の子どもはまだ乳飲み子だった。子どもが物心とともに母親の助けをもっとも必要としている時期に、そのようなことができてしまうのだ。子どもの虐待は連鎖するというけれど、まさにその典型例だ。彼女の子どもにも女の子がいて、今ごろは微妙な年頃になっているはずだ。子どもがまたその母親のようなことをしないだろうか。子どもたちが母親に対する怒りを潜在意識にため込んではいないだろうか。

彼女のように、無意識のうちに恐ろしい怒りをため込んだ人は、世の中のあらゆるものを憎んでいる。人を恨み、社会を恨み、機会があったら復讐してやろうと思っている。そのような人はもちろん人を信じていないので、使えると思った人間はだれであれ、徹底的に利用しようと考える。また、自分よりめぐまれた境遇にあると思う人に嫉妬し、なんとかしてじゃまをしてやろうと思う。利用しようと思う相手のことは徹底的にほめて、いい気分にする。反対に、蹴落としてやろうとする相手に対しては残酷な嫌がらせを執拗《しつよう》にする。

彼女が執着するその男性は、自信を失っているときに彼女にもち上げられて、どこかで嘘と知りながら関係を断ち切れなかった。一方、男性の妻のところには、非通知の無言電話が何度もかかってきた。

彼女は結婚している男《ひと》にしか興味がない。なぜなら結婚している男《ひと》には妻がいるからだ。妻がいなくては意味がない。自分がその男《ひと》を誘惑することによって、妻という座にのうのうとおさまっている人を苦しめたいのだ。自分が不幸なのだから、ほかの女も不幸になればいい、無意識のうちにそう思っている。

彼女は寂しい、不幸な子どもだった。そして今でもけっして幸せではない。狙った獲物を手に入れて、一瞬爽快な気分になる。相手の妻の苦悩を想像して、「ざまあ見ろ」という気分になる。けれどもそんないい気分は長くは続かない。人を傷つけてうさを晴らしても、いいのはその瞬間だけだ。すぐにまた怒りがわいてくる。それはそうだ。彼女が本当にほしいのは、母親の愛情だからだ。そうしてそのことに気づかない限り、いつまでも本当の幸福は手に入らない。

潜在意識に激しい怒りをため込んだ人のなかでも、彼女のような例はもっとも有害なものだ。ため込んだ怒りが自分の外側の人に向けられている。だれかを傷つけたいという激しい衝動がおさえられないのだ。

三島由紀夫の『天人五衰』に登場する透という美少年が、人を傷つけたいという衝動をおさえることができないと言っているが、彼も孤児で、生い立ちにはめぐまれていなかった。透はそのような衝動を「悪」と呼ぶが、彼女の場合もその行動は悪意に満ちている。透は毒をあおっての自殺に失敗し盲目になってしまうが、人を傷つけ続けたあげく、結局自分を傷つけてしまう。

潜在意識に怒りをため込んだ人は、その激しい怒りから、だれかを傷つけずにはいられない。その対象が他人になったり自分になったりする。人を殺したら死刑になると思ったと言って殺人をする人がいるが、人を殺したいという気持ちと自分が死にたいという気持ちは同じものの裏と表だ。それは、自分もふくめたあらゆるものに対する怒りと憎しみの気持ちなのだ。

4、熱烈に愛したい女《ひと》と常に愛されていたい男《ひと》

私は以前、太宰治が嫌いだった。名前を聞くだけでうんざりした。どうしてこの世に太宰ファンなどというものがいるのか理解できなかった。ところが、最近ついにそんな太宰への反感が薄れ、津軽に行ってみたいと思うようになった。太宰治という人物を育てた津軽とはどういうところなのか、興味がわいてきたのだ。太宰嫌いだった私がこんな調子なのだから、世間にはまだまだ熱心な太宰ファンがいる。昔の作家はもうあまり読まれなくなっていることも多いのに、太宰の名前だけは今でもときどき耳にする。ということは、もしかしたら、太宰の存在自体に大きな

意味があったのかもしれない、などとも思う。

教科書に取り上げられたりしているので、『走れメロス』のような太宰作品は中学生でも読んでいるだろう。そして、ちょっと頭の柔らかい先生だと、授業中作品を解説しながら、太宰の私生活についても解説してくれる。太宰は若いころ、心中しようとしたが自分は生き残り、いっしょに死ぬつもりだった女の人だけ死んでしまったとか、長い間薬物中毒に苦しんでいたとか、女性関係が入り乱れていて、何度も自殺未遂をくり返し、結局妻子を残して、愛人とともに入水自殺をしたとか……。

恋人や妻などの、ごく身近な女の人を振り回して苦労をかけ続ける男の人のことを、かつてはやった漫画にちなんで、「だめんず」(ダメな男《メン》たちという意味)と言ったりするが、太宰治は典型的な「だめんず」だろう。今は心理学的な見地から、「だめんず」についてもいろいろな説明がされている。それによると、「だめんず」が「だめんず」になってしまうのは、やはり幼少期の精神的な傷つきが原因であるようだ。

太宰ファンなら詳しいと思うが、太宰は津軽の大地主の六男に生まれ、経済的には何不自由なく育った。けれども、父親が多忙で母親が病弱だったため、生後すぐに乳母の手にあずけられ、その乳母が辞めてしまうと、叔母に、その後は女中(名前は「たけ」)によって子守りをされたという。太宰がもっとも愛情を必要としていた幼い時期に、親は愛してくれなかったのだ。

太宰には、手記の形をとった『津軽』という作品がある。生まれ育った津軽の地を成人してから訪ね、懐かしい人たちに再会するという自伝的な小説だ。

その小説の最後で主人公は、幼いころに自分を育ててくれた女中の「たけ」に再会する。「たけ」の無骨で無遠慮な大歓迎をうけて、主人公は「ああ、私は、たけに似ているのだと思った」と書いている。「似ている」という言葉がなんとも切ない。遺伝的に「似ている」わけがない「たけ」に、自分は「似ている」と言うのだ。太宰は「似ている」という言葉を使って、「たけ」とのつながりを確認した。太宰は、自分という存在の根っこを、だれかがささえてくれていたと思いたかったのではないだろうか。幼い自分を無条件で愛してくれた人がいたと思うことが、「似ている」という言葉になったのではないかと思うのだ。

けれども、「たけ」の愛情だけでは足りなかったのだろう。太宰の一生は、愛情深く育てられた人のものではない。太宰は、終生自分を肯定できずに、徹底的に自分を否定したまま死んでしまったようなのだ。自分を否定し、人を否定し、社会を否定してしまっては生きるのが苦しくなる。だから死んでしまった。自分が苦しいからといって、まわりの女の人たちをさんざん振り回し傷つけたあげく、文字通り、そのうちの一人を道づれに、死んでしまったのだ。

それでも、太宰の文章には、読む人を引きつける何かがあるらしい。「僕のことをわかってくれるのは太宰だけだ」と子どもに言われ、ギョッとしたと言った人を知っている。太宰は文章の中で自分の弱さをさらけ出したうえで、読者に、「あなただけはわかってくれるよね」と訴えかけてくるようだ。その訴えに共感し、「わかる、わかるよ」と思わず言ってしまう人が多いのだろう。「太宰のことがわかるのは私だけ」、「私のことがわかるのは太宰だけ」となってしまう。太宰は人をたらすのがうまかった。

今もまだ、太宰にこれだけの人気があるのは、太宰と同じように、自分を肯定できない人が多くいて、そのような人たちが太宰に共感しているからではないだろうか。そのような人たちは、太宰と同じような愛情の問題を背後にかかえているのかもしれない。

私が太宰を好きになれなかったのは、その太宰の、読者に訴えかけるような調子のせいだ。太宰作品を読んでいると、「わかってね、わかってね」と懇願されているような気分になって、そのたびに私は、「わかってなんかもらえないのはあたりまえ、甘ったれるんじゃない」と言いたくなってしまったのだ。実は同じように、太宰の中に「甘え」をみていたのが三島由紀夫だ。三島が、作家としては先輩にあたる太宰のところへわざわざ出向いて、「僕は太宰さんの文学はきらいなんです」と言ったというエピソードが残っている。

三島が太宰を嫌ったのは、自分の中にも太宰と同じものがあるとどこかで気づいていたからだろう。だれかの欠点が気になるときは、自分も同じ欠点をもっているという。「あの人のことをケチだと思うのは、私もケチだってことよね」と言った人がいるが、よくわかっている。自分の中に同じものがなければ、人の欠点など気にならないものだ。人の欠点が気になるのは、自分にも同じ欠点があって、それが嫌《いや》だからだ。その人が嫌いだというのは、その人に似ている自分も嫌いだということだ。三島も太宰と同様に、愛情不足で育って、自己否定だらけの生き方をしたということだろう。

三島は、太宰が臆面《おくめん》もなく「甘え」をさらけだしていたところを嫌っていたが、名著『「甘え」の構造』で日本人の精神構造を鋭く分析した土居健郎は、「甘え」を、「受身的愛情希求」と言っている。「甘え」とは、だれかに向かって、「愛して、愛して、もっと愛して」とおねだりすることなのだ。

私は太宰が嫌いだった。それは三島と同じように、自分の中にある太宰と同じ問題にどこかで気づいていて、それに向き合うのが嫌だったということだ。同じ問題をかかえているものとして、太宰のような生き方など絶対に許せない、自分はそんな生き方はしない、と思っていたのだ。

そして、太宰のようなろくでもない男につくす女の人の気持ちがわからないとも思っていた。

あんなどうしようもない男に、どうして何人もの聡明な美しい女の人が次々とひっかかったのかと首をひねっていた。ちょっと男前だからか。いやいや、そういう問題ではない。あんな男、相手にするから悪いのだ、放っておけばいいのだ、と息まいていた。

でも、今、私は津軽に行ってみたいと思っている。自分の半生をふり返っていろいろなことに気づき、あらためて、「太宰のような男が身近にいたら」、と自分に問うてみる。私はその男をはたして放っておけただろうか。

私の知っているその女《ひと》は自分に厳しい、とてもまじめな性格で、何をやるにしても、いつも一生懸命だった。そんな彼女は結婚してからも、よい妻でありたいと思い続けていた。

そして実際、彼女は夫につくす、よい妻だった。自分の要求や気持ちをあとまわしにして、まず、夫のことを優先する。夫に対して希望や不満があっても、ほとんど言い出さない。夫のことは、最終的にはすべて認め、受け容れてやらなければならないと思っていた。

彼女がそんなによい妻であったなら、幸せな結婚生活がおくれたはずだ。ところが、彼女の結婚生活は、波乱に満ちたものになってしまった。彼女の夫はまるで太宰治のようだった。二人が仲むつまじく暮らせたのは新婚当初の一年ちょっとのことで、その後は、夫の背後に入れかわり立ちかわり女の人の影がちらついた。彼女の夫は典型的な「だめんず」だったのである。

彼女の夫は、太宰のような、「常に愛されていたい男《ひと》」だった。彼は妻の愛情を疑うと、すぐに別の相手を探そうとした。彼にとっては、愛することよりも愛されることのほうがはるかに重要だった。彼は愛されることを、生きるために、切実に必要としていたのだ。

彼女は、夫の母親には、何をしてもしなくても、気に入ってもらえなかったという。彼の母親も、やはり寂しい子ども時代を送ったのだろうとのことだ。彼の母親は、一から十まで自分の思うとおりに物事をすすめたがるような人だった。そしてまわりの人たちが自分の思うようにならないと、あからさまに不機嫌な顔をしたという。

彼女は毎年母の日に義母にプレゼントを贈っていたのだが、ある年、送り状を同封するのを忘れた。すると、いつもなら品物が届いたころにお礼の電話がかかってくるのに、その年はいつまでたっても来ない。配送等に手違いがあったら困ると思って、彼女は義母のところに電話をかけた。すると、不機嫌な様子の義母が電話に出た。義母は彼女の問いかけにも、冷たく「ええ」、「はい」とだけしか答えなかったというのだ。

その時彼女は、以前、夫の兄の妻が言っていたことを思い出した。義姉によれば、義母に、お礼のつもりでバッグを贈ったのだが、手紙がいっしょに入っていなかったと言ってひどく怒られたとのことだ。「グッチがいいって言うから、わざわざ銀座の本店まで買いに行ったのに」と言って、義姉はひどく憤慨していた。彼女は、「ああ、やはり、送り状がなかったことが気に入らなかったんだな」と悟ったが、あとから手紙を送るようなことはしなかったそうだ。

義母に対して憤慨していた彼女の義姉は、義理の両親との確執《かくしつ》に耐えかねて、それから何年かあとに、離婚して家を出て行った。離婚前の義姉は、精神的におかしくなっていたようだったとのことだ。

あのような母親に育てられて、子どもが幸せになるのは難しいと彼女は言う。義母はまた、彼女の夫とその兄とを、常に比べて競争させて育てたということで、いくつになっても兄弟は、お互いがお互いをライバルとして意識しているようなところがあるという。どうやら彼女の義母は息子たちに、自分の思いどおりにならなければ愛してあげない、という強烈なメッセージを発しながら育てたようなのだ。

条件つきの愛は愛ではない。「こうでなければダメ」というのは、ありのままのその人を受け容れていないということだ。「こうでなければダメ」、「ああでなければダメ」、「それはダメ」、「あれはダメ」、「これはダメ」、ダメ、ダメ、ダメ、否定の連続だ。そのような環境で育った人が愛情飢餓状態におちいるのは無理もない。

彼女の夫は、自分が愛情不足で育ったことを自覚しているという。「俺は虐待されて育ったから」と言ったことがあるそうだ。そして、「愛してもらえなかったら、愛してくれる人を探せばいい」とも言ったそうだ。……それでは浮気もするだろう。

さて、彼女本人のことである。

彼女は愛に熱烈に憧れていた。誰かを熱烈に愛することを強く願っていた。もしも愛に飢えた孤独な人がいたのなら、その人の孤独をその愛情でうめてあげたいと熱望していたのだ。彼女とその夫が恋に落ちたのは必然だったと言えるだろう。

彼女もまた、愛されて育った子どもではなかった。けれども彼女自身は、そのことに長い間気づいていなかった。気づかないどころか、自分は愛されて育った幸せな子どもだったとさえ思っていたのだ。彼女が、自分が愛された子どもではなかったことに気づいたのは、皮肉にも長年にわたる夫とのトラブルがきっかけだった。自分は正しいと思うことを必死にやってきた。それなのに、どうしてどんどん不幸になっていくのだろうかと考えたのだ。

離婚した人が、自分の半生を分析してその理由に気づいたという話はほかにも聞いたことがあるが、彼女も、自分の半生をふり返ってみた。もともと勉強熱心だったこともあって、片っぱしから本を読んで、自分の不幸の原因が、母親との関係にあることを突き止めたのだ。

彼女の母親は、「子どものため、家族のために自分は我慢してつくしている、そんな私に感謝してちょうだい」と身振りでアピールしながら、いつも忙しく働いているような人だった。彼女の母親は、自己犠牲的な、ちょっと見たところ、とてもいい母親だったのだ。ところが、子どもたちがきょうだいげんかをしたときなど、母親は恐ろしい剣幕で怒って、彼女たち子どもを震え上がらせた。とくに長女だった彼女は、いつもけんかの責任を負わされ、「おまえが悪い、おまえが悪い」と言われ続けた。

「中学生の時と高校生の時、一度ずつですけれど、学校の個人面談のとき、担任が笑顔で、さあ、あなたの話を聞いてあげよう、という態度でいすに座ったとたん、ぼろぼろと涙が出てきて自分でもびっくりしました」と彼女は言う。「あのころ、私の話を聞いてくれようなんて大人は、家族の中には一人もいなかったんですね」と。子どものころ、彼女の気持ちを考えてくれる大人は、彼女の身のまわりには一人もいなかったようだ。彼女は、家族といっしょにいても、いつもなんだか寂しかったと言っている。

愛情を与えられずに育った子どもは、成長してから愛に憧れる人になることがある。愛に憧れる人は、愛とはひたすら受け容れ、与えることだと信じて、自分を犠牲にして、愛しすぎてしまうのだ。これがいわゆる「だめんず」にはまるタイプの女《ひと》である。相手がどんなことをしても、どんな人間であっても、自分さえ我慢すればいいと思って、ただひたすら耐える。そして、彼女もそうであったが、自分だけがその男《ひと》を理解できるなどと不遜《ふそん》にも思っている。彼女も、太宰治の女たちも、そんな「だめんず」ホルダーだったのだ。

彼女の母親がよい例であるが、自己犠牲的な母親は、意外にも、けっしてよい親ではない。自己犠牲的な母親は、我慢して、子どもや家族につくしているという気持ちがあるので、無意識の中に不満をため込み、どこかでその恨みをはらしたいと思っている。その恨みが子どもに向けられるのだ。それは怒りになって爆発することもあれば、子どもを自分の思いどおりにするための有形無形のプレッシャーとなることもある。子どもは違和感をおぼえながら、母親を批判することができない。なぜならば、そんな母親は、自己犠牲的なよい母親だからだ。

では、自己犠牲的な妻はよい妻なのだろうか。

自己犠牲的な母親がよい母親でないのだから、自己犠牲的な妻もよい妻であるはずがない。実は、彼女も、よい妻などではまったくなかった。一見、夫につくすよい妻に見えたが、彼女がやっていたことは、夫のためと言うよりは、自分のためだった。自分がよい妻だと認めてもらいたいからそうしていただけのことだったのだ。その上、彼女が手本にしていたのは、彼女の母親だった。彼女は、母親は自分を愛していたと信じていたので、母親が自分たちにしていたとおりに、夫に接してしまっていたのだ。

彼女の母親が彼女にしていたことは、依存と支配だ。母親は、自分が困ったときには彼女に頼り、自信がなくなったときには彼女をけなして自分を尊敬させ、苦労を見せ、同情させては自分を喜ばせるようなことをさせた。そして、ときにはひたすら彼女たちの世話をやいて恩を感じさせ、またときには怒りを爆発させて脅しては、彼女たち子どもの支配を長年続けてきたのだ。彼女は、「高圧的に甘える人が嫌いだと思ってきたけれど、それって、母親のことだったんですねえ」と言う。

「だめんず」にかかわってしまう女たちとは、「だめんず」同様、子どものころ、愛情不足で育った人たちだ。まわりの大人たちに自分の気持ちを考えてもらえず、「ダメだ」、「ダメだ」と否定ばかりされて育ち、自己肯定感が低い。愛情飢餓状態から愛の実現に憧れ、「だめんず」のダメなところまで受け容れようとして、自分がボロボロになってしまう。それは、子どものころの、どんなに親が理不尽でも受け容れなければ生きていけなかった状況の再現だ。

とは言え、「だめんず」ホルダーの女たちは一方的な被害者ではない。別の角度から見ると、彼女たちは、夫や恋人に依存しながら支配している加害者でもある。熱烈に愛したい女《ひと》は、愛することのできない女《ひと》なのだ。だから、「だめんず」がそんな女たちから逃げたいと思っても無理はないし、そんな女たちのもとで、ますますダメになっていくのも道理だ。女も男も、だれかに依存したり、だれかを支配したりしないで、まずは一人で生きていけるようにならないと、いつまでたってもよい関係は築けないだろう。

第三章　どうして私たちは愛し合えないのか

1、恋愛は人世の秘鑰《ひやく》である

北村透谷《とうこく》という名前を知っている人はもう少ないかもしれない。北村透谷は、明治時代の評論家であり、詩人でもあった人物である。その透谷に、「厭世《えんせい》詩家と女性」という評論文がある。

戀愛《れんあい》は人世《じんせい》の秘鑰《ひやく》なり、戀愛ありて後人世あり、戀愛を抽《ぬ》き去りたらむには人生何の色味かあらむ、……。

書き出しの「戀愛は人世の秘鑰なり」というフレーズがとても印象的である。「秘鑰」とは、秘密の鍵のことで、透谷は、人の世の秘密や神秘をあきらかにするのが恋愛だと言っているのである。当時、いきなり恋愛をもち出してこのように宣言するのはかなりの衝撃だったのだろう。「厭世詩家と女性」は島崎藤村などにも大きな影響を与えたようだ。

透谷は、ロマン主義を代表する詩人、評論家とされている。ロマン主義とは、近代個人主義をベースとして、それまで人間を縛ってきたと思われる秩序や論理に反逆して、個人の感情や感性、また自我の解放を求めた芸術思潮だ。一方、ロマン主義は想像や情熱や憧れを重視するあまり、それらとは裏腹の幻滅や憂鬱をあわせもっていた。透谷の一生もそのような意味で、ひどくロマン主義的であったのだ。

「戀愛は人世の秘鑰なり」という宣言は、また、透谷の恋愛至上主義をあらわしている。透谷はその主義どおりに熱烈な恋愛をして結婚した。妻の名は美那《みな》。透谷が政治的な運動をしていたことから知り合った、現在の東京・町田の豪農であり、のちに衆院議員にもなった石坂昌孝の長女である。美那は透谷よりも三歳年上で、横浜の共立女学校に学んだ才媛だった。在学中にキリスト教に入信し、のちに苦悩する透谷をもキリスト教に導く。美那にはすでに婚約者がいたにもかかわらず、周囲の反対を押し切って二人は結婚した。

透谷と美那の結婚生活

透谷と美那の結婚生活は順風満帆とはいかなかったようである。なにしろ透谷には定職がなかった。ときおり詩や評論を書いて手にするささやかな原稿料だけでは暮らしが成り立たない。いかに聡明で理想主義的な美那といえども、夫に文句の一つも言っただろう。透谷は女学校で教員をして、なんとか生計をたてようとするのだが、今度はその女学校で、教え子の純潔な様子に心惹かれる始末《しまつ》。そのうち一人娘も生まれるのだが、二人の結婚生活は不安定なまま、透谷は精神に変調をきたし、わずか二十五歳で自殺してしまう。

美那は夫の死後、子どもをあずけてアメリカに留学し、苦学して英語を学んで、帰国後は教師となったということだ。生前の美那に透谷との結婚生活について取材をした神崎清によると、「私は透谷を愛していました。透谷も私を愛していました」というような調子で、結婚生活の葛藤がまったく出てこず、「やや話に生彩が感じられなかった」とのことである。

透谷は死ぬことによって結婚生活から逃亡し、二人がいっしょに暮らしたのはせいぜい五年間くらいだった。苦しかったと思われる二人の結婚生活だが、そのあいだに何か大事なことに気づくということはなかったのかもしれない。

恋愛は自分を映しだす「鏡」

けれども、透谷の言うように、たしかに恋愛は「人世の秘鑰」である。

戀愛は一たび我を犠牲にすると同時に我れなる「己れ」を寫《うつ》し出す明鏡なり。男女相愛して後始めて社会の眞相を知る、……。

恋愛は、自分自身の姿を映しだす「鏡」だからだ。どんな相手に恋をするか、どんな恋愛になるか、それはどう始まって、どう終わるのか、そんなことのすべてに自分があらわれる。恋愛をすることによって自分のことがわかるのだ。自分の美点、自分の弱点、そんなこともよくわかる。自分がかかえていた重大な問題に気づくこともある。そして、どうして自分がそんな恋愛をすることになったかがわかって、自分のまわりの人たちのこと、世の中のことなどもわかってしまうことがある。

私たちは恋をする相手の中に自分の問題を見ていることがある。もちろん無意識のうちに、である。同じ問題をかかえている人だから、理解できるような気がする。理解してもらえるような気がする。同じように苦しんできた人だから、自分が助けてあげたい、助けてもらいたい、そんな漠然とした思いが恋になる。そして問題をかかえて、苦しんでいればいるほど、思いが通じて恋愛が始まったときの喜びは大きい。けれどもそれは、それまで二人がどれほど孤独を感じていたかということをあらわしているにすぎない。

問題をかかえている人が、同じ問題をかかえている人といっしょにいて、うまくいくはずがないのだ。そのような恋愛は、最初はおおいに盛り上がるのだが、だんだんおかしなことになっていく。やがてこんなはずではなかったということになって、お互いさんざん苦しんだあげく、関係は破綻する。

だからこそ逆に言うと、うまくいかない恋愛は、自分のかかえている問題に気づくためのよいチャンスなのだ。恋愛をしてうまくいかなかった。いったい自分の何が悪かったのか。徹底的に自分と向き合ったら、その問題が見えてくる。

自分の問題と向き合うのはつらい。自分は悪くないと思いたい人はたくさんいる。自分は悪くない、うまくいかなかったのは相手が悪かったからだ。相手を変えればきっとうまくいく。その人は今どこにいるだろう。そう思う人は少なくない。そして何度も同じ失敗をくり返す。

そうはならないために、どうしてその恋愛がうまくいかなかったのか、自分の何が悪かったのか、考えたい。そして気づくこと、変わることができたなら、うまくいってもいかなくても、恋愛をすることには意味があると思える。

恋愛と結婚

だれだって、結婚して不幸になろうとは思わない。幸せになれると思うから、結婚するのだ。透谷も、幸せになれると思ったから、結婚したのだろう。けれども結婚は透谷を失望させた。

婚姻は厭世家を失望せしむる事甚《はなは》だ容易なり。

「厭世家」とは、ここでは透谷のことで、世の中のことがうとましく、生きていてもつらいと思い続けているような人のことである。そんな人が恋愛をすると現実を忘れることができて、何を見ても、何をしても心湧《わ》き立つ幸福感にひたることができる。ところがいざ結婚してみると、たちまち失望させられるというのだ。

透谷は、自分は「厭世詩家」で、世俗的・現実的な生活になじむことができないから、普通の結婚生活はおくれないと言っている。透谷は、自身の言う「想世界」(空想の世界)の住人なのだ。「實世界」(現実の世界)には住めない。明日食べられるかが重大問題で、そのために生活費を捻出《ねんしゅつ》しようと、したくもない仕事をするなんて考えられない。現実の世界は醜くわずらわしいことばかりだ、というのである。

ロマン主義者と結婚

透谷にとって、よいもの・美しいものは空想の世界にしかなかった。透谷はロマン主義者だ。今、ここにあるものに満足せず、どこかにあるはずの何かに憧れ続ける。恋にすべてを賭《か》け、あげくにわが身を滅ぼしたボヴァリー夫人にそっくりである。

「厭世詩家と女性」であるが、その最後には女性に対する失望が語られている。

嗚呼不幸なるは女性かな、厭世詩家の前に優美高妙を代表すると同時に、醜穢《しゅうわい》なる俗界の通辯《つうべん》となりて其嘲罵《ちょうば》する所となり、其冷遇する所となり、終生涙を飲んで、寝《い》ねての夢、覺《さ》めての夢に、郎を思ひ郎を恨んで、遂に其愁殺《しゅうさつ》するところとなるぞうたてけれ、うたてけれ。

透谷によれば、「厭世詩家」の前で、はじめ女性は優美で妙《たえ》なる魅力をふりまいている（これが恋愛時代である）。ところが、そんな女性がひとたび結婚してしまうと、今度は醜く汚れた世間の代弁者となって、「厭世詩家」にふつうの夫らしく振る舞え、金をかせいで来いとせまる。だから「厭世詩家」は妻を軽蔑し、ののしり、冷たくあしらうことになる。（まともに仕事もしない）夫に冷たくされ、女性は一生涙を流して暮らし、寝てもさめても夫を慕いつつ恨んで、ついにひどく嘆き悲しむことになり、気の毒だ、まったく気の毒だというのだ。

いったいだれが悪いのか。

2、どうして私たちは愛し合えないのか

透谷は今の言葉で言ったら、いわゆる「だめんず」（「クズ男」とも言う）である。結婚しても働かない。昼間から寝ころんでボーっとしているから、美那が「何をしているんですか」と聞いたら、「考えているんだ」と言ったとか。透谷は、おそらくは美那にせっつかれ、なんとか女学校の教師として働きだす。だが、働きだしたら働きだしたで、今度はそこで出会った女生徒に淡い恋心を抱く。透谷に言わせたら、妻は、結婚前は神秘的な魅力をふりまいていたけれど、結婚後は俗っぽくて口うるさいただの主婦になってしまったというのだろう。

島崎藤村が、透谷は、評論家、あるいは詩人として価値ある仕事を残したなどともち上げてい

るが、そもそも藤村自身が、実の姪と恋愛関係におちいって、そのスキャンダルを小説に仕立てるなどという身勝手なことをやっている。彼らの恋愛至上主義やロマン主義が人を幸せにしないのなら、賛同するわけにはいかない。

もっとも、透谷のような男と結婚してしまう美那にも問題はあったのだろう。「だめんず」という言葉をはやらせ、定着させた漫画『だめんず・うぉ〜か〜』（倉田真由美作）は、そんな「だめんず」を渡り歩いてしまう女たちの話だ。「だめんず」が「だめんず」なら、それにはまる女たちもやっぱり何かがダメなのだろう。

『だめんず・うぉ〜か〜』が世に出てからずいぶん時がたつが、「だめんず」問題はいっこうに解決しない。と言うよりも、透谷と美那の関係にみるように、「だめんず」問題は明治時代からあったのだ。もしかしたら、江戸時代よりも前からあったかもしれない。『源氏物語』の光源氏など、見方によっては「だめんず」そのものである。「だめんず」問題は、悠久の歴史とともに、今に受け継がれてきたのだ。

透谷の何がダメなのか

透谷はロマンチストである。今、ここにあるものに満足しないで、どこかにあるはずの何かに憧れる。

　前にも言ったように、これは『ボヴァリー夫人』のエマとそっくりの心性だ。少女のころからロマンチックな物語を読みふけっていたエマは、自分の身のまわりにあるものには満足できず、自分の情熱をかきたててくれる何かすばらしいものがどこかにあるはずだと思い続けていた。そして現実から目をそむけ続け、恋愛に逃避し、あげくのはてにその身を滅ぼしてしまった。

　透谷も、結婚生活に失望し、ついに自分の現実を受け容れられず、自殺するにいたった。あらゆる現実を否定し、ついに自分自身の存在をも否定したのだ。両者はその結末もそっくりである。

　第一章の「ロマンチックの運命」のところでもみたが、『ボヴァリー夫人』のエマは自分の身のまわりにあるものの存在を肯定できない。自分の現実を肯定できない。つまり、自分に与えられているものや、自分のまわりにいてくれる人たちを受け容れ、愛することができないのだ。エマの現実に対する態度には否定しかない。あれもダメ、これもダメ、あの人もダメ、この人もダメ、ダメ、ダメ、ダメ、ダメばかりだ。自身の「想世界」に閉じこもって、現実という「実世界」を否定し、結婚生活も結婚後の美那も、否定した透谷と同じである。

　透谷には、物事を否定的にとらえる癖がついているようだ。あれもダメ、これもダメ、と言って、物事のよい側面を見ようとしない。身近にあるよいもの、美しいものの存在に気づかず、もっとよいものがよそにあるはずだと思ってしまう。透谷は現実を肯定できない。現実を愛することができない。現実を肯定できず、否定するからロマンチストになる。ロマンチストとは結局、ものの見方・考え方の問題で、現実のよさに目を向けることができず、現実を否定してばかりいる透谷のような人たちのことだ。

これは推測であるが、透谷がそのような態度でしか現実に向き合えなかったのは、だれかのそのような態度を幼いころから見ていたからではないだろうか。子どもはほぼ例外なく、物事に対する見方や考え方をその親から受け継ぐ。おそらくは透谷も、その親、とくに母親の態度を見て、そのような心性を身につけていったと思われる。具体的にはわからないが、透谷の母親も現実を肯定できる人ではなかったのだろう。もしかしたら不満をかかえて、透谷に、この世の理不尽さを訴えていたかもしれない。

世の中に対する見方や考え方を親から学ぶというのは明治時代のみならず、今でもまったく変わらない。物事のよい側面を見ることのできる親に育てられたら、子どももこの世のよさに気づくことができる。現実を肯定することができる親に育てられたら、その子どもも、ロマンチックに逃げ込まず、自分の現実にしっかりと根を下ろすことができる。愛することのできる親に育てられたらその子は、人を、また物事をも愛することができるようになるのだ。

透谷は美那を愛していなかった、と言うしかない。美那以外の人も、現実の物事も、透谷は愛していなかったのに違いない。

透谷は、結局、自分の中の一番底のほうにいる自分自身と向き合うことができなかったのではないだろうか。そんな自分自身を発見することができず、自分が苦しいのは、自分の外側にあるもののせいだと考えたのだろう。自分の苦悩の原因は、自分の中にはなく、まわりの人たちや、あるいは社会などの、自分の外側にあるものの中にあると考えた。実際は、自分のものの見方や考え方に問題があったのに、自分は悪くない、自分は変わる必要はないと考えたのだ。

そして、透谷のもっともよくないところは、早々に自殺というかたちで、現実から逃亡してしまったことだろう。苦しくても、生きて、そして考え続けていれば、いつか答えが出たかもしれない。透谷は、美那や世間のせいにせず、不幸の原因は自分の中にある、不幸になるような考え方しかできない自分の中にあるということに気づくべきだった。それなのに、苦しみ悩み、考えることからも逃げてしまったのだ。

美那は透谷を愛していたのか

それでは、美那は透谷を愛していたのだろうか。

美那に透谷との結婚生活について尋ねた人は、美那から、二人はお互いに愛し合っていたというような話しか聞けず、なんだか不満だったと書いていたが、私もなんだか納得ができない。私には、二人が愛し合っていたとは思えないのだ。二人は愛し合っていたわけではないだろう。それは二人の末路《まつろ》がしめしている。

透谷がボヴァリー夫人に似ているなら、美那はサド侯爵夫人に似ているかもしれない。サド侯爵夫人のように、身勝手な夫にふり回されつつ、献身的に妻としての役割をはたそうとしていた美那は、一見被害者のようである。けれども、『サド侯爵夫人』のところでも言ったように、美那も一方的な被害者であるとは言えないのではないだろうか。

サドも透谷も今風に言うと「だめんず」である。そして今、巷《ちまた》には「だめんず」にはまる女性についての論考も多い。それによると「だめんず」にはまる女性にはある特徴があるという。いわく、「だめんず」にはまる女性は自己肯定感が低いというのである。

「だめんず」にはまる女性は自己肯定感が低く、「だめんず」につくすことによって、自分の存在価値を確かめているという。ダメな男をどうにかささえて、なんとか日々をやりくりすることで、自分が存在することの意義を確認しているというのだ。

『サド侯爵夫人』のルネは、サドがどんなに悪徳のかぎりをつくしても、けっして見切りをつけようとしなかった。もともと貧乏貴族だったサドが、お金を遊蕩《ゆうとう》につぎ込むので、二人の暮らし向きはどんどん悪くなっていった。けれどもルネは文句一つ言わず、暖房のない冬の城の中で一人寒さに耐えた。そんな様子を見てルネの母親のモントルイユ夫人は、娘に、そこまで自分を貶《おとし》めて結婚生活を続けなくてもよいと言うのだが、ルネは頑《がん》として聞き入れない。

くわしくはわからないのだが、おそらく美那も、透谷と別れるつもりはなかっただろう。透谷との結婚生活について聞いた人にも、その苦労についてはいっさい話さず、二人はお互いに愛し合っていたというようなことしか言わなかったというのだから。美那は苦労しながらも、自分が透谷をささえなければいけないと思っていたのに違いない。自分は透谷にとって必要な人間だと考えていたのだろう。それはまるでサド侯爵夫人、ルネのようである。

「だめんず」にはまる女性の口癖には、「あの人は私がいないとダメになる」というのがある。「私があの人のそばにいてささえてあげないと、あの人はまともに生きていけない」などと言うのだ。ルネはまた、サドを優しく包み込んで、悪徳から足を洗わせ、よい行いをするようにさせてみせるとも言っていた。美那も、そんなふうに考えてはいなかっただろうか。

「だめんず」は、だれがそばにいてもいなくてもダメである。だれがささえてもささえなくてもダメなものはダメである。だから「だめんず」なのである。「だめんず」がダメでなくなるには、

「だめんず」本人が自分と向き合い、自分の問題に気づいて、自分から変わらなくてはいけないと思う必要があるのだが、それができればもはや「だめんず」ではない。「だめんず」が変わることは期待できないのである。

ルネのように、美那も透谷が変わってくれることを期待していただろう。けれども、変わってしまったら、それはもう透谷ではないのではなかろうか。美那は、二人は愛し合っていたと言ったそうだけれど、あるがままのその人の存在を肯定することが愛である。美那は、透谷がちゃんと仕事をして、家庭を大事にすることを望んでいた。透谷が変わってくれることを望んでいた。ありのままの透谷を否定していたのだ。美那は透谷を愛していなかったと私は思う。

モントルイユ夫人が鋭く指摘していたように、ルネもサドを愛してはいなかった。ルネはありのままのサドを肯定し、受け容れていたわけではなかった。自己肯定感の低いルネは、自分自身のために「貞淑」であった。自分の価値を確かなものにするために、「貞淑」を貫こうとしたのだ。でもそのような考え方は正しくないので、結局ルネはサドとは別れることになった。戯曲『サド侯爵夫人』におけるルネの変心についての解釈は疑問だが、現実のルネは、「気づいて」、サドと別れる決心をしたのではないだろうか。

透谷のような難しい夫と暮らし、なんとか家庭を守っていくことは簡単なことではない。けれども、だからこそ美那は、自分は透谷にとって必要な人間だ、自分は生きていてもいいと思えていたのではないだろうか。そしてルネのように、本当は透谷のためではなく、自分自身の価値を確かなものにするために、透谷とともにいようとしていたのだ。美那も、一方的な被害者ではない。美那も、自己肯定感が低く、本当の意味で自分に自信がもてなかった人ではないかと思う。

透谷が自殺せず、美那との結婚生活がもっと長く続いていたら、美那も何かに気づいたかもしれない。けれども透谷は死んでしまった。美那は、気づき、変わるチャンスを逃してしまったのかもしれないのだ。

『サド侯爵夫人』のルネが自身の「貞淑」にこだわり、サドのような「だめんず」につくしてしまった理由は、第一章で言ったように、母親のモントルイユ夫人との関係がその背後にあると考えられる。ルネは支配的な母親のもとで育ち、あるがままの自分を受け容れてもらえず、自分の意思や感情をおさえてでも、「つくす」という生き方になってしまった。ルネの中では、どれだけ自分が苦しむかに価値があった。自分をおさえ、自分を犠牲にすることが美徳であるという考え方である。自分を尊び、大切にするという発想がない。

「だめんず」にはまったということで、美那も自己肯定感は高くなかったのに違いない。そしてそのような心性になったということは、やはりルネのように、支配的な親に育てられた可能性が高いだろう。透谷と死に別れ、再婚もせずアメリカ留学して教師になるなど、美那は品行方正である。

一方、もし透谷が死なず、二人の結婚生活がもっと長くなっていたら、違う結末になっていたのでは、とも考える。長い結婚生活の中で、いろいろな問題が噴出《ふきだ》し、美那も何かに気づくことができたかもしれない。気づいて、自ら透谷のもとを去るなどということが起こったかもしれないと思うのだ。

依存し合う関係

もっとも不幸な関係は、お互いに依存し合う関係だろう。恋愛にかぎらず、夫婦関係はもちろん、親子関係、友人関係、ときには師弟関係にも依存し合う関係はある。

依存し合う関係におちいりやすい人にはやはり、物事を悲観的に考える人が多いだろう。物事を悲観的に考える人は、毎日不安でしかたがない。悲観的な人はいつも心配している。世の中には危険がいっぱいで、いつどんな目に遭《あ》うかわからない。世の中の多くの人は自分を理解してくれない。だれも信用できない。みんなが自分を責めているような気がする。そんなふうに考えていたら、だれかにすがりたくなる。だれかに依存したくなる。

不安感が強く悲観的な人は自分にも自信がないから、何か困ったことが起こっても、うまく切り抜けられると思えない。「助けて！　助けて！　だれか私を助けて！」、依存し合う関係におちいりやすい人は、いつも全身でそう叫んでいる。

そんな人はしかし、意外にも、ある種の人たちには魅力的に映る。そのような人たちは、その人が不幸そうで、かわいそうで、自分がなんとかしてやらないと、と思うのだ。そのかわいそうな人のために、自分が役に立てるのではないかと思うのだ。

かわいそうな人に魅力を感じる人も、実は不安感が強く悲観的な人だ。自分の存在を肯定できず、生きていてもいいのだと心から思うことができていない。だから、自分で自分の価値を認めるために、積極的に何かの、またたれかの役に立とうとするのだ。

かくして、だれかに助けてほしいかわいそうな人と、だれかを助けて自分の存在意義を確認したい人の依存し合う関係が成立する。そして両者は、ときにお互いがお互いを支配し、束縛しながら寄り添い続ける。依存し合い、支配し合う関係になるのだ。この関係は、かならずしもお互いに心地よくないにもかかわらず、どちらかが気づいて抜け出そうとしないかぎり、持ちつ持たれつの状態で長く続く。

寄りかかり依存し合う関係の二人は、別れてそれぞれ一人でいることができない。一人で自分をささえきれない。そんな人たちは一人でいたら、自分の存在に自信がもてないのだ。生きている意味がわからず、自分は生きていていいのだろうかと思ってしまう。依存し合う関係におちいってしまう人たちは、自分の存在をその根本から肯定することができていない。自分を愛することができていないのだ。

自分を愛することのできない人はだれかを愛することもできない。自分を肯定できない人は人のことも肯定できない。美那は、自分たちは愛し合っていたと言っていたようだが、透谷と美那の関係も愛し合う関係ではなかっただろう。二人を結びつけていたのはおそらく、愛ではなく、依存である。

私たちは、自分を愛することができないから、人も愛することができないのだ。私たちは、自分を愛せないから愛し合うことができないのだ。不幸な透谷の時代からずいぶん時間がたったが、残念ながら、まだこの世界には、愛ではなく依存で結びついた関係が多いように思う。

甘えについて

依存し合う関係は幸せなものではない。では、依存することの中にある心の状態をなんと言えばよいだろう。その人はどんな心の状態にあるから、依存してしまうのだろう。あるいは、依存する心の状態をなんと言うことができるのか。

依存することの中にある心の状態は依頼心と言うことができる。「あなたにそうしてほしい」、「あなたにそうあってほしい」、「私のために」というのである。「私のことを察して」というのもある。「言わなくても、私のことを思っているなら、わかるはずだ」というのだ。

相手のことを考えて行動しろ、とはよく言われることだ。それが大人の常識だというプレッシャーをかけられることもある。相手のことを考えないで自分の都合で動いてしまうと、いい大人がどうしてそんなことに気がつかないのかという冷たい視線にさらされて、自己嫌悪におちいることになったりする。

相手が「察する」ことができないと、「察して」もらえなかった人は気分を悪くする。自分がきちんと要求しなかったから、思いどおりにならなかったとは考えない。「察する」ことのできない相手が悪いと考える。日本にはそのような人が多いように思う。

近年日本のおもてなし文化が世界的に有名になっている。たとえば京都のある有名な老舗旅館のおもてなしなどは世界一と称賛されている。建物の内外のしつらえにはじまり、あらゆる場面で居心地のよさを追求し、中でも、料理が客の目の前に給仕されるタイミングの絶妙さなどは絶賛されている。滞在中、客が要求を伝えなくても、そのすべてが絶妙のタイミングで適切に提供されるのだ。客は徹底的な受身の状態で過ごすことができ、それがなんとも心地いいというのだ。ほかのどの国に行っても、そんな宿はないという。

たしかに海外へ行ってみると、こんなサービス日本ではあたりまえなのに、ここではわざわざ頼まないといけないのかと思うようなことがよくある。日本ではお客様優先で、客はサービスの提供者より優位にいる。けれども海外だと、サービスの提供者と客の関係は対等で、客も自分の要求はきちんと伝えなくてはいけない。「察して」もらえないのだ。

このことは案外大きな問題ではないだろうか。

言わなくてもわかってもらいたいというのは甘えだ。そして、おもてなし文化がこれほど日本で発達していることからもわかるように、甘えはおそらく日本人に特有の心性なのだ。精神科医であった土居健郎の名著、『「甘え」の構造』にあるとおりである。同書の中で土居は、甘えを、「受身的愛情希求」と言っている。甘えとはどうやら、「愛されたい」という欲求のようなのだ。

中国とカナダの脳神経科学者による興味深い共同研究があるそうだ。

西洋人と中国人の被験者に、自分の性格について語ってもらう。するとどちらも、脳の前頭前野のうち、おもに「自分」について考える部位が活発化した。ところが双方に、自分の母親の性格について語ってもらうと、違いがあらわれた。西洋人は、おもに他者について考えるときに使う部位が活発化したのに対し、中国人はふたたび「自分」について考える部位が活発化したというのだ。

研究者らは、西洋人は母親と自分を独立した別の存在としてとらえる傾向が強いが、中国人は、母親と自分を同一視する傾向が強いのではないかと述べ、また別の実験結果から、東アジア系の親子には、相互依存的関係があることも指摘しているそうである。

「息子に甘えているな、と思う」と言ったお母さんがいたが、親子関係が相互依存的であったら、親と子が相互に甘え合うということにもなろう。しかしそれは愛の関係ではない。依存は愛ではないし、甘えが「愛されたい」という欲求であるのならば、そこに愛はないのだ。そして愛は、それぞれが別個の存在として独立した人たちのあいだにしか成立しないだろうことがここからもうかがえる。

愛を求めてさ迷う

愛されたいという欲求自体はべつに悪いものではない。それどころか、人間にとってそれは当然の欲求だろう。だれだって愛されたい、自分の存在を肯定してほしい。自分を大切に扱ってほしい。愛してほしい。

子どもは徹底的に甘えさせないといけないと言った人がいた。とくに男の子は、母親が甘えさせて育てないと、将来浮気をする夫になると言っていた。もちろん、甘えさせると甘やかすは違う。甘やかすというのが大人の満足のためにすることなのに対して、甘えさせるというのは、本当の意味での子どもの利益を見極め、子どもが愛してほしいというそぶりを見せたら、愛してやるということだ。その存在を認め、根本から肯定してやることだ。

親、とくに母親に愛された子どもは、愛することを学んで愛せる大人になる。ところが、愛されなかった子どもは、愛されたいという欲求を満たしてもらえなかった上に、愛することも学べず、愛せない大人になる。そして、いつまでも愛されたいという欲求をもち続け、自分から愛することをしないまま、愛してくれる人を求めてさ迷う。

ところが、そんな人がどんなに探しても、愛してくれる人は見つからない。お母さんに愛されなかった人は、何人もの相手を渡り歩くことになる。その人には、自分の求める愛を与えてくれる人がいないのだ。それもそのはずである。その人は、自分の母親の愛を求めているのだ。ほかのだれでもない、母に愛されることを求めているのだ。

日本が世界に誇る古典の名著中の名著、『源氏物語』の主人公・光源氏は、実母を早くに亡くした。母親に甘えられなかった子どもだったのだ。光源氏ももしかしたら、愛されずに育って、自分は愛せないまま愛されることを求めて、華麗なる女性遍歴をかさねることになってしまったのではないだろうか。

愛の被害者

愛されなかった子どもは、もともとは被害者である。甘えられなかった子どもは犠牲者である。かわいそうな不幸な人たちである。けれどもその人たちには、同情してばかりもいられないという現実がある。

愛されなかった子どもは被害者としての怒りをかかえている。そしてその怒りをかかえたまま愛を求める。だから、自分が愛せないことは棚にあげ、愛さないなんて相手が悪い、甘えさせない相手が悪いと逆恨みして、自分を愛せと高圧的に甘えることがある。これは甘えられなかった被害者でありつつ、その被害者としての立場に甘えている状態だといえるかもしれない。

甘え、とくに被害者としての立場に甘えた状態での高圧的な甘えというのは受け容れられないだろう。そもそもその人が求める愛を与えられる人がいない。だから、甘えるのではなく、まず自分を癒すことだ。愛されなかったこと、甘えられなかったことによって深く傷ついているのだから、まず、その傷を癒してやらなければいけない。

お母さんが自分を愛してくれなかったという事実と向き合い、受け容れることから始めるのだ。お母さんは自分を愛してくれなかった。けれども、それは自分が悪い子だったからではない。お母さんは愛することのできない人だったのだ。だれも悪くない。だれかを責める必要はない。

お母さんが自分を愛してくれなかったとしても、自分で自分を愛することはできる。自分で自分を認めてあげるのだ。愛されることをほかの人に求めなくてもよい。自分が自分の価値を知っていればよい。だれに甘えなくてもよい。

逆説的ではあるが、自分で自分を愛せるようになれば、だれかにも愛してもらえるようになるだろう。

日本のサービスがこれほど至れり尽くせりなのは、客側に、甘え、つまり愛されたいという満たされない思いをだれかに補ってほしいという願いがあって、それに応《こた》える形になっているからではないだろうか。土居健郎によれば、「甘え」とともに、「被害者意識」という言葉も日本語独特の語彙《ごい》であるということだ。ということは、日本には、愛することができない人と、愛されることを求める人が、ほかの国よりも多いということなのかもしれない。

第四章　愛せるようになるために

1、「愛」とは何か

「あなたのため」って本当？

ある人が、「あなたのためだからっていう言葉は、どんなときも美しくない」と言っていた。その人はたくさんの猫と暮らしていて、病気の治療だか、避妊手術のためだか、嫌《いや》がる猫をつかまえて、「あなたのためだから」と言いながら、病院に連れて行かなくてはいけない。でも、本当に猫のためだろうかというのである。「あなたのためだからかあ、たしかに、なんだかあんまり言われたくない言葉だなあ」、と思ったことを覚えている。

こんなことを思い出したのは、先日、懐かしい人たちと久しぶりに会った時に、この「あなたのためだから」という展開になったからだ。

集まった人たちの中に、仕事で成功している人がいた。その人は組織に属することなく、たった一人で道を切り開いて現在の地位を築き、充分な収入を得ている。そうそうできることではない。本当にすばらしい。

一方、だれもがその人のようにできるわけではない。かなりの年齢になってから行きづまり、人生の方向転換や生活の立て直しをせまられる人もいるのだ。

私たちは、そんな、再就職活動をしている人の話を聞くことになった。

その人の再就職はなかなか思うようにはいかないようだった。年齢のせいか、希望する職種では採用してもらえないとのことだった。が、一つ、提案された仕事があったという。その仕事はだれが聞いても、精神的にも肉体的にもタフでないと務まらないようなハードな仕事である。みんな「やめたほうがいい」と言った。

けれども、アドバイスは、「そんな仕事は大変だからやめたほうがいいよ」だけではすまなかった。成功している人（仮にAさんとする）が、再就職活動している人（仮にBさんとする）の性格や、これまでに彼女がしてきたことなどを次々とあげて、「だからあなたには無理だ」と宣告したのだ。

Ａさんは Ｂさんのダメなところばかりをあげて、「だからあなたにその仕事は無理だ」と言った。それは本当かもしれない。でも、それでいいのだろうか。それでＢさんの再就職はうまくいくのだろうか。

Ａさんは厳しい。人に厳しいし、おそらく自分にも厳しい。そうでなかったら、あのような仕事のしかたはできないし、成功もしていなかっただろう。でも、今回はちょっとＢさんに厳しすぎやしないかと私は思った。だれにも言えることだが、みんなすでに一生懸命やっているのだ。そこで、たまたまＢさんといっしょにトイレに立った時に、私は、「あんまり気にしないほうがいいかも」と言ってみた。すると、Ｂさんは、「私のことを思って言ってくれてるんだから」と言ったのだ。

Ｂさんは Ａさんの苦言を、「私のためだから」と言った。Ａさんにも聞いたら、「Ｂさんのためだから」と言ったかもしれない。

「あなたのためだから」は親のエゴ

「あなたのためだから」という言葉は、よく親が子どもに言う。親は習い事をさせたり、勉強させたりするときに子どもに、「あなたの将来のためだから」と言う。「あなたのことは私がよく知っている」、「あなたにとって一番いいことを私は知っている」と親は言うが、それは本当だろうか。

習い事にしても、勉強にしても、子どもが自分の意思で始めたことではないと、何をやっても身が入らない。あるいは、すなおなできのいい子どもだったりすると、一通り器用にこなし、よい成績をとったりする。けれども、そのような子どもは、やりたくもないことをさせられているという意識をどこかにもち続け、ある日突然糸が切れて無気力におちいり、親をうろたえさせたりするのだ。

結局、「あなたのためだから」と言って親が子どもにさせることは、親のエゴであることが多い。何かに優れた子どもになってほしいのは親だ。子どもではない。「あなたのためだから」と言って子どもを支配し、自分の都合のいいように仕立て上げようとしているにすぎないのだ。

たくさんの猫を飼っている人が「あなたのためだから」という言葉が美しくないと言ったのは、その言葉の裏にあるこのエゴに気づいていたからだろう。猫を病院に連れて行くのは飼い主の都合で、当の猫は、避妊手術はもちろん、たとえ病気を治すためであっても、病院には行きたくなかったかもしれないのだ。

AさんがBさんに対して、「あなたのことは私がよく知っている」、「あなたにとって一番いいことを私は知っている」、「だからあなたは私の忠告に従うべきだ」と、どこかで思っていたとしたら、AさんはBさんにとって、子どもを支配する親のような存在だと言わざるをえない。厳しい忠告は結局、その相手に対する支配欲のあらわれだ。

「あなたのためだから」と言う人は、自分の支配欲に気づかず、本当にその人のためだと思って言っていることも多い。けれども、もしそうであったとしても、それは方法としてもあまりよくない。「あなたはこういうところがダメ、そういうところがダメ」と言われ続けてやる気が出るだろうか。私なら、「自分は本当にダメだ、何をやってもできないんじゃないか」と思ってしまう。

「あなたのためだから」と言う人のほとんどに悪気はない。そういう人にエゴがあったとしても、それは無意識の中にあり、本人に自覚はできない。だから、「あなたのためだから」と言う人を単純に責めることはできない。けれども、「あなたのためだから」と言うエゴは、言われた人の心をかならず蝕む。なぜなら、そのようなエゴから言われた言葉は、「今のあなたではダメ、私の理想どおりにならなくちゃ」というメッセージを含んでいるからだ。子どもに習い事をさせる親も、Aさんも、「あなたのためだから」と言いながら、そういうメッセージを発信している。

愛の鞭《むち》なんてある？

もちろん、「今のあなたではダメ」と言われても、「そんなことはない」と反発すればいいと言う人がいるかもしれない。「なんであなたの理想どおりにしなければいけないの？　私の理想は違う」と言って抵抗したり、無視したりすればいいと言う人がいるかもしれない。そのような人もいるにはいるだろう。実は、Aさん自身こそがそうしてきた人のようなのだ。

Aさんによれば、Aさんの親、とくにお母さんは、難しい人だったようだ。「いい親なんていないよ、うちの親を見てみなよ」とAさんは言う。Aさんは子どものころから、「ああしてはダメ、こうしてはダメ、ああしなければダメ、こうしなければダメ」と何かと口うるさく言われてきたそうだ。Aさんは、そのたびに反発して、なんとか自分と自分の生き方を守ってきたという。

Aさんは、お母さんや他の肉親からダメ出しをされるたびに反発して奮起し、自分を鍛えて今の生き方を築いた。それはそれで立派なことだ。想像を超えた努力が必要だったに違いない。「すばらしい」の一言だ。けれども、私は一抹《いちまつ》の疑いをもっている。Aさんは、百パーセント自分を信じているだろうか。精力的な仕事、積極的な生き方をしていながら、Aさん自身が自分を認めているだろうか。

ずいぶん前に、私は、Bさんはなぜあんなふうに言われながら、Aさんとずっといっしょにいるのだろうと思ったことがある。Bさんは A さんに厳しく言われて、つらくないのだろうかと思ったのだ。その答えは今回、Bさんが、「私のためを思って言ってくれてる」と言ったことによってわかったように思う。Bさんにとって、Aさんのダメ出しはいわゆる「愛の鞭」なのだろう。「愛の鞭」などというものがあるかどうかは別にして。

あなたはダメだけど私はオッケー

では、Aさんと B さんといてどんなメリットがあるのだろう。Aさんはたびたび B さんにダメ出しをする。傍《はた》から見ていると、そこには、Aさんのお母さんもこんなふうに A さんにダメ出しをしているのではないかと思わせる雰囲気がある。そして B さんは A さんに反発しない。Bさんは、Aさんがお母さんにするようには反発せず、すなおに聞き入れてしまうのだ。もっとも A さんの言うことは当たっているところもあるので、反発しづらいということはあるのだが。

Aさんが B さんにダメ出しをするとき、Aさんは何を基準にしているのだろう。どうできないから、Aさんは B さんをダメだと言うのだろうか。

「あなたのためだから」と言う人は、「今のあなたではダメ、私の理想どおりにならなくちゃ」というメッセージを発している。Aさんの場合、その「理想」とは、自分のことではないだろうか。Aさんは、「今のあなたではダメ、私みたいにならなくちゃ」とどこかで思ってはいないだろうか。ずいぶん前のことだが、AさんがBさんのことを、「Bさんは私みたいになりたいと思っているけどなれないんだよ」と言っているのを聞いたことがある。

実は私は、心から、自分自身を受け容れ、認めることができているという人は多くないと思っている。もちろん私も例外ではない。そして、自分を受け容れ、認めることは、それさえできれば、人生の課題はすべてクリアしたと思えるくらいの難題なのではないかと思っている。

自分で自分を受け容れ、認めることができないと苦しい。だから、自分を受け容れ、認めることができないときどうするかと言うと、卑怯《ひきょう》なことに、私はこんな手を使ってきた。「あの人はダメだけど、私はオッケーだ」と思うのだ。

同じようなことをしていると、思い当たる人がいるのではないだろうか。心から自分を受け容れ、認めることができていないから、当座をしのぐために、だれかを落として自分を持ち上げるのだ。本当の意味で自分に自信がないから、「あの人はダメだけど、私はオッケー」と思うのだ。Aさんもそうでないと言い切れるだろうか。本当の意味で自分に自信があったら、「あの人はダメ」と言って、だれかを落とす必要はないのではないだろうか。よく聞いていると、Aさんは、相手より自分が優位にあることを確認するようなつぶやきをちょこちょこ発している。

自分のことや、まわりの例を見るかぎり、このような心性ができあがるのは、子どものころからの育ち方に原因があるだろう。Aさんも言うように、「いい親なんていない」というのはある程度当たっている。なぜなら、この世には、「あなたのためだから」と言う人と、「あの人はダメだけど、私はオッケー」と思う人がとても多いからだ。みんな、自分を受け容れ、認めることができていない。それは、そのような人たちを、子どものころから親たちが支配し、「あなたのためだから」と言いながら、受け容れず、認めてこなかった結果なのだ。

「あなたのためだから」と言いながら、子どもの私たちを受け容れず、認めてこなかった親は加害者で、私たちはまず被害者だ。でもその結果、自分を受け容れ、認めることができなくなった私たちは、今度は身近な人たちを支配し、「あなたのためだから」と言って相手を認めず加害者になる。

正義と悪とを峻別《しゅんべつ》して、自分を正義の側に置きたがる人たちがいるが、私は、そのような人たちも自分を受け容れ、認めることのできない人たちなのではないかと疑っている。正義と悪なんてはっきり分けることはできないし、立場がかわれば、正義と悪とが入れかわることさえある。

「おまえはダメだ」と言われながら成長し、私たちの多くが、心の中に劣等感を隠しもっている。私たちは、自分を受け容れ、認めることができなくて苦しく生きづらい。だから、「あなたはダメだけど、私はオッケー」と思いたくなってしまう。けれども、ダメにもオッケーにも、絶対の基準はない。すべて自分の裁量だ。もし私たちが、心の底から、百パーセント自分のことを受け容れ、認めることができる日が来たら、自分のことはもちろん、どんなこともどんな人も、いいも悪いもないと思えるようになるのではないだろうか。劣等感というものはだれでも、そもそももつ必要のないものなのだ。

「愛」とは何か

さてこのAさんとBさんの関係についてであるが、その後、私の長年の疑問が解決されることとなった。

ある時ひょんなことから、Bさんも含めたメンバーの中で、「愛とは何か」という哲学問答になったのだ。

私はエーリッヒ・フロムの定義に倣《なら》って、「愛とは、そのものの存在を根本から肯定すること」と言ったのだが、ある人は、「愛＝支配」だと言った。「愛という名のもとに相手を支配するのが人間で、支配の度合いと許容度が人によって違う」と言い、「積極的に支配されたいって人もいるだろうし」、「明らかなSとMで、お互い幸せっていう組み合わせもある」というのだ。この人の言う「愛」は、心理学で言うところの「共依存」だと思う。お互いに依存し合う、支配と被支配の関係だ。

私が注目したのは、Bさんの発言だ。Bさんは、「『愛』の反対は、『無視』とか『無関心』だと思ってる」と言い、「支配でも何でも、その人に関心や興味があるってことはそこにきっと愛があるんだよね。まったく興味ない人には何の感情も持たない＝愛は無いって感じかな」と言うのだ。

私は思わず膝を打った。「なるほど！」と心の底から納得した。Bさんが、Aさんに何度も何度も厳しく言われながら近くにい続けているのは、Aさんの厳しいダメ出しを、「愛」ゆえだと思っていたからだったのだ。Bさんにとって、「愛の鞭《むち》」は存在し、Aさんは、その「愛の鞭」をふるってくれる人だったのだ。

Bさんの言う「愛」の定義は、マザーテレサの言っていたものに近い。マザーテレサは、「愛」の反対は「無関心」だと言っていた。実際に自分のすぐ隣で苦しんでいる人たちがいるのに、見て見ぬふりをする人たちに向けて言ったことだ。そしてマザーテレサは、「自分が苦しくなるまで、愛を与え続けなければいけない」とも言っていた。けれども、私たちは、自分が苦しくなってまで、愛さなければならないのだろうか。愛とは、それを実践すると、苦しくなるものなのだろうか。

「愛」という言葉を定義する

ある言葉をどう定義するかというのは、重大な問題だ。なぜなら、たとえばここで問題になっている「愛」が意味しているのはこういうことだと考えていると、そのようなことに出合ったときに、それは「愛」だと理解してしまうからだ。「愛＝支配」と考えていると、支配をされたりしたときに、それを「愛」だとしてしまう。批判をされても、それは自分に関心があるからで、そこには「愛」があると思ってしまう。支配することも支配されることも、手ひどい批判も、「愛」だとして、疑うことなく受け容れてしまうことになるのだ。

「愛」を「支配」だと定義すると、その人にとって、「愛」はずっと「支配」であり続ける。「愛」を「批判」も含むものだと定義すると、「批判」を「愛」だとして受け容れ続けなければならなくなる。ひとつの言葉をどう定義するかで、その人がどういう生き方をするかが決まる。少し大げさに言うと、自分が使う言葉をどう定義するかで、その人の人生が決まるのだ。

だから、逆に言うと、言葉を定義し直せば、人生を変えることができる。

「愛」などという形のないものは、すでに決まったものとしてそこにあるものではない。形のないものの定義は、いくらでも変えることができる。「愛」は不条理なもの、不幸なものも含むなどと考えていたら、不条理や不幸まで受け容れなければならなくなる。けれども、「愛」は不条理でも不幸でもないとなれば、それは「愛」ではないとして、しりぞけることができるのだ。「支配」が人を幸せにするだろうか。「批判」が人を幸せにするだろうか。人を幸せにしないものを「愛」と呼んではいけないのではないだろうか。そんなことは本来しなくてもよいのに、「愛」をわざわざ不幸なものと定義して、耐え忍んでいる人が多すぎる。

「愛」のような抽象的な言葉の定義は、すでに与えられているものとして考えるのではなく、そのものにどうあってほしいかと考えるとよいのではないだろうか。発想を逆にするのだ。「愛」がどういうものであれば、私たちは幸せになれるだろうか。「愛」を、決まった形ですでにあるものとしてではなく、それがどういうものであれば、私たちは幸せになれるかと考えるのだ。

「愛」というものは、たしかにすでにどこかにはあるだろう。けれども「愛」とは、その多くがいまだ「そうあるべきもの」としてあるのではないだろうか。すでにあるものに「愛」という名をつけるというよりは、そうあるべきものに「愛」と名づける。「愛」の場合、私たちを究極的に幸せに導いてくれるものとして定義するのがよいだろう。

2、気づくこと

自分のことを理解する

私たちは、だれか自分以外の人を見て批判をしがちだ。もちろんほめることもあるけれど、批判のほうが多そうだ。そしてときには手ひどく非難したりする。けれどもその批判は、その人だけに向けられるべきものだろうか。

人間は、自分自身のことを知るために、人とつき合うのではないかと思うことがある。

透谷も言っていたように、もちろん恋愛も自分自身のことを知るよい契機となる。何度も同じタイプの相手と恋に落ちて、何度もつらい思いをするというのであれば、そこには大きな意味があるのだ。そのタイプを好きになる自分の中に、解決できていない大きな問題があるということだ。だから、その問題に気づくまで、同じ失敗を何度もくり返すのだ。

自分の中の何が、相手のどこに反応しているのか、相手の中のどういうところにどうして惹かれてしまうのか、よく考えてみるといい。そうするときっと自分のことが理解できる。自分がかかえていた問題の内容も、どうしてその人に惹かれたのかの理由もわかる。

私は、愛し方を知らない親の孤独な子どもだったので、かわいそうな孤独な人を愛して、その人を孤独から救いたかった。けれども愛されなかった私は、愛し方を知らなかったので、その試みはうまくいかなかった。それどころか私は、母が私にしていたこと、依存しつつ支配するというやり方をしてしまい、相手を傷つける加害者になってしまっていた。

それはとてもつらい経験ではあったけれど、私は自分のかかえていた問題に気づくことができた。自分のことがわかったのだ。

人は変えられないけれど、自分は変えられる

だれかとつき合ううちに、「この人のこういうところがイヤだなあ」と思うことが私にはよくあった。そんなときはついつい、相手が悪いと考えてしまいがちだ。そして、その人のどこがどう悪いのか、なぜそうなってしまうのか、批判的に、徹底的に考えた。

で、その後、一通り心の中でさんざん悪態をついてから、ハタと気づくのだ。「あれ？　これって、自分もそうだよなあ」と思うのだ。

相手の中に嫌《いや》なところを見つけるということは、自分の中にも同じものがあるということだそうだ。自分の中に同じものがないときは、相手の中にどんな性質があっても気にはならないというのだ。

ある人が、「あの人のことをケチだと思うってことは、私もケチなのよねえ」と言っていた。私はすなおに感心した。こうやってだれかを非難しながらも、自分のことに気づけるのだから、この人には余裕があると思ったのだ。

だれかとつき合って嫌な気分になったら、それは自分のことに気づくよいチャンスだ。だれかと恋愛して関係が危機に瀕《ひん》したら、自分が長年かかえていた問題に気づくチャンスなのだ。恋愛してうまくいかなかったら、そこには課題が潜んでいる。それは自分の問題でもあるのだ。相手を非難する前に、自分自身に向き合いたい。

だれかのことを理解できたと思うときは、自分のことが理解できたときだ。その人のことがわかったわけではない。その人の一部はわかったと言ってもよいかもしれないけれど、すべてがわかるわけではない。人のことをとやかく言う必要はない。自分がすべてだ。相手を変えようと思わず、自分が変わればいい。

自分のかかえていた問題に気づいたら、変わる努力をすればいい。そのときその恋愛が終わっていても、それはその役目が終わったということだ。自分の問題に気づくために、その恋愛をしたのだ。

たまった怒り

甘えることのできなかった子どもは怒りをためている。愛情を求めても与えてもらえなかった子どもは怒りをかかえたまま成長する。

子どもを愛せない親は、子どもを愛する代わりに支配する。愛せない親は、親自身の利益のために、子どもに依存し支配するのだ。そんな親の子どもは、親の役に立つようにと育てられる。

親が子どもを自分の思いどおりに育てるのは簡単だ。子どもが自分の気に入らないことをしたとき、冷たくすればいいのだ。子どもは親に認めてもらいたいから、次からはそんなことはしないとけなげにも誓う。また、子どもが自分の言うとおりにしたとき、今度は、親はほめてやればいい。子どもは親にほめてほしいから、次からも同じことをするだろう。そうしてそんなことをくり返すうち、その子は親の思うとおりの子どもになるのだ。

子どもが自分の思いどおりにしたときには認め、そうでないときには拒絶するというのは条件つきの愛だ。条件つきの愛を本当の愛と呼ぶことはできない。愛とは、そのものの存在を根本から肯定することであるべきだからだ。

けれども、親も子も、その多くがそのことに気づいていない。親も子も、自分たちが愛し合ってはいないことに気づいていないのだ。

子どもは、ありのままの自分を受け容れてもらえないたびに怒りをため込んでいく。本当の自分を認めてもらえないことに対する恨みがつのっていくのだ。けれどもその怒りを吐き出すわけにはいかない。そんなことをしたら、親に嫌われてしまうかもしれないからだ。見捨てられ、放り出されてしまうかもしれないからだ。子どもは怒りを押し殺し、黙って親に従うしかない。

私の母も、私を自分の利益のために育てた。母は自分に自信がなく、自分のことを無力だと感じていたからだろう。母は自分の言いたいことを私に言わせたり、私に自分をかばわせたりした。また、私をダメな子だと言っては、自分の自信回復に役立てた。そんなことをくり返すうちに、私の中にはおそろしい怒りがたまっていったのだろう。そんな母の支配に気づいた時、私の怒りが爆発した。そしてその怒りは、その後一年くらいの間、ことあるごとによみがえって、ずっとおさまらなかった。

自分の中の怒りに気づく

ちょっとしたことですぐ怒る人がいる。どうしてそんなつまらないことでそんなに怒らなければいけないのかと思うくらい、本当につまらないことでカッと腹を立てる人がいる。

私の場合は意外なところで怒りが爆発した。私は、人が何か不正なことをしているところに出くわすとギリッと怒りがわいた。

たとえば、歩道を歩いているとき、自転車で追い越していく人が追い抜きざまにゴミを落としていったとする。そうすると、カアッと頭に血が上って、そのゴミを拾い上げて、落とした人に投げつけてやりたくなった。市街地での自転車のマナーは一般にあまりよくないけれど、信号無視をして、自分の目の前を横切っていく自転車にも腹が立った。「チッ」と舌打ちをしたくなった。

不正に対して腹が立つのだから、そんな怒りを私は「義憤」だと考えていた。正しいことをおこなわない人に対して起こる当然の感情だと思っていた。けれどもドイツの社会心理学者エーリッヒ・フロムは、「義憤」ほど破壊的な感情を秘めている現象はないという。『憤っている人』は、自分が優れていて正しいのだ、という感情を持って、人を『劣等者』と軽蔑したり、そのように扱ったりすることに一度だけの満足を覚える」というのである。

「憤っている人」は、これまでありのままの自分を受け容れてはもらえてこなかったことに憤っている。認められたかったのに、愛されたかったのに、そうはしてもらえなかったことに憤っているのだ。私も「憤っている人」だった。

私の「義憤」はたちの悪いことに、自分のもっとも身近にいる人に向けられた。その関係を大切にしたいと願っていた相手に向けられてしまったのだ。私はその人に、「違う、違う」と言い続け、ついにその人から、「否定、否定、否定ばっかりだ！」と言われてしまった。

夫婦や親子の関係の中で、モラルハラスメントやドメスティックバイオレンスが起こるのは、この、解消されることのない怒りが原因なのではないだろうか。私が大切にしたいと思っていた人にしてしまったのはモラルハラスメントである。そして、ドメスティックバイオレンスであるが、その歯止めのきかない激しさは、その人が秘めている怒りの強さに比例するような気がしてならない。

自分の身近な相手に対しては甘えてしまうということがある。甘えとは、愛されることを求める態度だ。その甘えが、かつての家族に愛されなかったという怒りとともに吐き出されるのが、モラルハラスメントであり、ドメスティックバイオレンスなのでないか。

かつての家族に否定され、愛されなかった怒りを、今の家族に向けてしまうことほど不幸なことはない。そんなことをすれば、今の家族は崩壊せざるをえない。私とその人の関係もそうやって破綻した。

親に愛されなかったという事実と向き合うのはつらい。けれども、今の家族やパートナーとの関係を大事にしたいのなら、自分と親との関係を見直して、自分の中に怒りがたまっていないかどうか、確かめるとよいだろう。怒りはもともとその怒りをおぼえさせた相手に返さないかぎり消えない。私は一年かけて、母に対する怒りを吐き出してやっと落ちついた。難しいことではあるけれど、今ある人間関係を壊したくないのなら、自分の中にある怒りに気づき、それを解消する努力をしないといけないと思う。

自分の責任を引き受ける

誠実であるということは、自分の存在と、それゆえに起こったすべてのことに対して責任をもつということだ。自分の感情、自分の考え、自分の行動、そのほか、すべて自分にかかわることに対して責任をもち、人のせいにしないということだ。

私たちはかならずだれかとつながっている。だれ一人として、たった一人で生きているということはない。そして、だれかとつながっているということは、そのつながりの中でかならず何かが起きるということだ。そこでは幸せな出来事も起これば、不幸な出来事も起こる。そのとき私たちは、自分の中に、そんなことが起こった理由を見出すことができるだろうか。

不誠実というのは、自分自身に対して責任をもてないということだ。自分の感情、自分の考え、自分の行動などの自分がかかわることのすべてに責任をもてないということだ。

そのような人は、自分の人間関係の中で不幸なことが起こると、すべて自分以外の人のせいだと考える。自分が不愉快な気分になり、不幸になったのは、相手のせいだと考える。不誠実な人の中には、よく考えて、自分も悪かったのではないかと一通り反省しようとする人もいるのだが、どうしても最終的に自分の問題に向き合うことができない。トラブルの原因が自分にもあると認めることができない。自分も悪かったかもしれないが、はじめに相手が悪かったから、そのせいで自分も悪くなったのだと言ったりする。不誠実な人は責任がとれない。謝ることもできない。

不誠実な人が浮気や不倫をするのは道理にかなっている。不誠実な人がだれかとつき合っているうちに嫌《いや》な気分になる。自分ではなく、相手が悪いと思う。だから、相手を交換すればよいと考えるのだ。嫌な気分になったのなら、よい気分になるよう努力する責任が自分にもあるとは考えない。あるいは、自分を嫌な気分にする相手を選んでしまった自分の中にも原因があるとは考えない。

不誠実な人は、自分がかかえている問題に向き合うことができない。不誠実な人は、自分自身に誠実に向き合うことができない。不誠実な人は、そもそも自分自身に対して不誠実だから、不誠実な行動をとるのだ。

自分を支配する他者に気づく

もっとも私たちは、自分の中に入り込んだ他者に支配されるということがある。その他者のせいで不幸になるような考え方を身につけ、実際不幸になる。これまでに何度も言ってきたように、その他者とは親、とくに母親だ。多くの母親はありのままの子どもを受け容れず、自分の思いどおりに振る舞うことを子どもに要求する。かつてそのような子どもだった私たちはそのことに気づかず、なんとはなしに不快な気分のまま、怒りと憎しみをため込んだまま生き続けることになる。

母親を選んで生まれてくることはできない。母親は気がついた時にはそこにいた。当然大きな影響を受ける。だからその意味では、その母親の影響で自分を嫌な気分にする人とわざわざつき合ってしまったとしても無理はない。けれども、母親の影響のもとであっても、その嫌な人を選んだのは自分自身である。不誠実な人は、その事実に気づこうとしない。根本的な原因を見つけようとせず、自分や母親の責任は問わずに、今ある困難な人間関係のまさにその相手に、責任を負わせようとするのだ。

もしも私たちの多くが、自分の中に入り込んだ他者に支配されているという事実があるなら、私たちには、そのことに気づく責任がある。そのことによってもってしまった感情、やってしまった行動の責任をとらなければならない。自分の中の他者がトラブルの原因だったことを認めつつ、自分自身の感情や行動の責任はとる。それはトラブルの原因を、自分を支配していた他者のせいにして自分の責任からは逃れるということではない。親に支配されて結果的にもってしまった感情や、やってしまった行動については認め、そして心から謝罪してその責任をとるのだから、それは誠実な態度である。

3、一人でいられるようになる

孤独について

私は、自分が大切にしたいと考えていた人間関係を破綻させてしまった。その結果、孤独になった。いや、この言い方は正確ではない。私はもともと孤独だった。そのことに気づいたということだ。人間関係が破綻しようがしまいが、私ははじめから孤独だったのだ。

私は、もともとたった一人でいる時間がとても長い。けれども、以前は寂しいと感じることはなかった。なぜなら、今だれかといっしょにいなくても、私のことを心から思ってくれる人はいると思えていたからだ。

決定的な人間関係の破綻を経験し、そこから母と自分の関係性を見直すことになって、母とも決別することとなった。私を思ってくれる人はもうだれもいない。いや、最初からいなかったのだ。そういう現実に気づいた。私は、とことん一人ぼっちだと思わないわけにはいかなかった。それでも、私はだれかに助けを求めるのは違うと感じていた。私のことを理解できる人はいないし、そもそもそんな人を求める必要はない。私は自分で自分をささえなければならないと漠然と感じていた。

孤独を意識するとまず朝がつらい。朝起きて、その日もまた孤独という現実と向き合うことがつらいのだ。眠っているあいだはそんなことは忘れていられたのに、起きたら思い出す。「おまえは一人だ。さあ、起き上がるのだ！」と自分に言い聞かせることから一日が始まる。

またこうも思う。孤独感をかかえるということと、実際に孤独であるかないかということは実は関係ない。今、孤独を感じていない人も、その人が本当の意味で孤独ではなく、よい人間関係を築けているかというと、そうでもないことがあるだろう。残念だが、孤独を感じることのない人間関係を築けているとしても、お互い依存し合っているだけの関係ということも多いだろうと思うのだ。

私も以前はそのような関係しか築けなかった。だれかに甘え、依存していながら、支配的であったりした。自分の足で立たずにだれかに寄りかかったり、トラブルの理由をだれかのせいにして責任をとらなかったりと、依存し合う関係というのは本当に不幸だ。

しかし、孤独を引き受けるというのは本当に難しい。

ドイツのおばあさんの孤独

佐野洋子が、エッセイの中でドイツの孤独なおばあさんたちのことを書いている。佐野は当時二十九歳で、ベルリンに住んでいた。佐野によれば、ベルリンには「おびただしい老婆があふれてい」たらしい。下宿の近くの新しい養老院からおばあさんたちが一人ずつ出てきて、佐野は、「私には彼らがすべてを拒否しているように思え、拒否することで彼らは個であることを主張しているように思え、誇り高くさえ見えた」と言っている。

けれどもおばあさんたちは孤独だったのだろう。佐野が公園に行ったり、道を歩いていたりすると、見知らぬおばあさんたちに突然手をとられてニコニコ笑いかけられたりする。また、佐野の下宿屋のおばあさんは、たった四ヵ月しかいなかった佐野と別れる時、だらだらと涙を流し続けたという。

実は私もドイツで似たようなことを経験した。大学の卒業旅行で、友だちと二人、気ままにふらふらとヨーロッパを歩いていた。ルートヴィヒ二世の造ったお城を見るため、拠点として滞在したオーバーアマガウという小さな村でのことだ。ミュンヘンから電車で二時間弱、アルプスの山々に囲まれた美しい村だ。十年に一度、村民総出で行われるキリストの受難劇が有名で、ヒットラーもお成り列車を仕立てて見物に訪れたという。

ユースホステルに荷物を置いて、散策をしていると両岸に雪の積もったきれいな川に出た。するとそこには真っ赤なコートを着た白髪のおばあさんがいて、「オロロロロロロ」と言いながら、鴨にえさをやっていた。おばあさんは私たちに気づくと、おまえたちは日本のステュデンティン（女学生）かと聞いてきて、私たちが「そうだ」と言うと、昼食を食べに自宅に来いと言う。私たちは迷ったけれど、のどかな村のおばあさんのお誘いだったので、好意に甘えることにした。

案内されたのは、きれいに片づいた小さな部屋だった。おばあさんはオムレツを用意してくれた。食事が終わると「マイン　マン」と言って、古い型のコートをきちんと着込んだ男性が写っている白黒写真を見せてくれた。おばあさんの夫はずいぶん前に亡くなったようだ。それから遠慮したにもかかわらず、おばあさんは私たちに山登り用のニッカーボッカーをくれた。今でもどこかにしまってあるはずだ。そして、日本に帰ったら手紙を書くと約束しておばあさんとは別れたのだが、その時、おばあさんが涙を流していたのだ。

四ヵ月どころではない。その日会ったばかりである。その日会ったばかりの遠い東の果てからやってきた女学生二人と食事をして別れるという時、おばあさんは泣いていた。手を振って遠ざかる私たちを建物の陰から見守りながら、おばあさんは泣いていた。私たちもおそろしく悲しい気持ちになっていた。おばあさんの名前はカチアさんと言った。トーマス・マンの奥さんと同じ名前だ。

私たちがドイツを旅したのはずいぶん前のことだし、佐野がベルリンにいたのはさらに昔のことだ。けれども今でも基本的には変わらないだろう。佐野ではないが、ドイツ人は、「長い歴史の中で人間の行く末として当然のものとしてその孤独を引き受けている」と思われるからだ。

孤独かしがらみか

ところが、「いかに長い歴史と習慣が個に徹することをたたき込んでも孤独は孤独なのだ」と佐野は言う。佐野は、ベルリンでの経験を持ち出し、日本人の「切っても切れない血縁のしがらみ」について言いたいのだ。

泣き泣き人の迷惑をひきうけ、泣き泣き人に迷惑をかける、これは大変なことであり、精神力と体力と経済力のかぎりを要求されるが、憎むべき相手も持たないベルリンの老婆たちの孤独を思うとき、やぶれかぶれに、人間関係複雑で糸目がどこにあるやらわからず、こんぐらがったまんま墓の中までもつれ込みたいと思うのである。

佐野はこんなふうに言って、ドイツのおばあさんたちの絶対の孤独より、どろどろした日本の人間関係の沼に沈みたいと言うのだが、はたしてどちらが幸せなのか。このエッセイを、当時高校一年生の女の子といっしょに読んだことがある。「筆者みたいに、どろどろの人間関係に翻弄されて終わりたいと思う？」と私が聞くと、彼女は、「いやですー」と即座に言った。新しい世代が育ってきているのかもしれない。彼女はアメリカのシアトルに短期留学してきたあと、「日本よりアメリカのほうがいいですー」とも言っていた。アメリカから帰ってきた彼女は一気に垢抜《あかぬ》けて、大人っぽくなっていた。

佐野は、老いた自分の母親を経済的にも精神的にもささえた。母親とは長年確執《かくしつ》があったにもかかわらず、だ。

佐野は、自分と母親とのことを本にまでしている。その中で佐野は、子どものころからの母との難しい関係と、母の晩年におとずれた和解とを描いている。

私は母に子供の時からなでられたり、抱きしめられたりした事がなかった。
四歳位の時、母が私の手をふりはらったときから、私は母の手にさわった事がなかった。

ご多分にもれず、佐野とお母さんも難しい関係の母と娘だったのだろう。この箇所を読んだ時、「自分もそうだったなあ」と頷《うなず》きつつ、それ以上に「そうそう、それそれ」と思ったのが、「母さんは一生誰にも『ありがとう』と『ごめんなさい』を云わない人だった」というところを読んだ時だった。私の母も、絶対に自分の非を認めない人だった。「そうじゃないよ」と私が指摘しても、「ふーん」、「ふーん」と言うだけで、絶対に自分が間違っていたとは言わない。もちろん「ごめんなさい」とも言わなかった。

自分以外のものにはならない

佐野が大学を卒業してデパートの宣伝部に勤めていた時、セールのイラストが佐野のものに決まった。佐野は母親と歩いていて、地下鉄の通路いっぱいに自分のポスターがどこまでも続いているところに出くわす。「お母さんすごいでしょう。ほらずーっと私の絵だよ」と佐野が言っても、お母さんは、「不機嫌な暗い顔をして、私の絵を見ようとせずに、まるで意地のように通路を真っすぐ見ていた」というのだ。私の母も、私のことをほめてくれたことがない。だから私は、それでもお母さんと和解したがっていた佐野の気持ちがよくわからない。

私は母を好きになれないという自責の念から解放された事はなかった。十八で東京に出て来てからもずっと、家で母に優しく出来ない時も一瞬も自責は私の底を切れる事のない流れだった。罪であるとも思った。

私と佐野では、おそらくここが違う。私は母と決別してから、自責の念にかられたことがない。私は人間として何か欠落しているのだろうか。冷たいのだろうか。私には、切り捨ててしまった母に対する自責の念もなければ、罪の意識もないのだ。

もしも母が、自分が楽に生きるために私を利用したのでなかったら、もしも母が、私の存在をその根底から肯定してくれていたら、つまり愛してくれていたら、私も同じものを返すことができただろう。私は愛することを母から学ぶことができなかったのだ。

私が母に対して罪の意識をもっていないのは、母と和解したいと思っていないからだろう。もう母に認めてもらいたいと思っていないのだ。私は母に愛してもらいたいとは思っていない。母が愛せる人ではないとわかっているから、私は母に執着していない。だから、母に対する罪の意識もないのだ。

佐野は自分で費用を出して、お母さんをりっぱな老人ホームに入れた。お母さんはだんだんいろいろなことがわからなくなっていき、ある時ふとした瞬間に娘にわびた。すると、佐野の母親に対する嫌悪感が嘘のように消え、自責の念からも解放されたという。佐野はお母さんと和解できたのだ。しかしこのくだりを読んでも、私は感動しなかったし、うらやましいとも思わなかった。

私はドイツのおばあさんたちのように、寂しくとも、孤独を引き受けて生きていきたいと思う。たった一人で死んでいくことになってもしかたがない。死に際し、そばにだれかがいてくれようとも、死んでいくのは自分一人だ。どのみち死にゆくものは孤独なのだ。

佐野は、「切っても切れない血縁のしがらみの中で泣き、いかり、疲れている日本人はしかし、その血縁の中で自分を生かして来た」と言った。たしかに佐野の生き方はそのとおりであった。けれども、「私はそうは思わない」。私はそうは思わないのだ。どろどろの血縁のしがらみの中で、自分は自分でいられるだろうか。それぞれに自由がなくて、それぞれが本来の自分でいられるだろうか。

孤独は怖い。けれどもそれ以上に、自分が自分以外のものになってしまうことが怖い。血縁は切っても切れないのではなく、切る気がないから切れないのだ。その人間関係が、私に自分以外のものになることを要求したとき、それを解消する勇気をもちたい。矛盾するようだが、個としての自分をしっかり確立した上でなければ、好ましい人間関係もまた得られないと思うからだ。

「圧倒的な自由」

一人でするキャンプをはやらせた人が言っていた。「ソロ・キャンプ」（一人でするキャンプ）の何がいいのか。その人は一人で車、またはバイクに乗って、自然のあるところ、人工的なものの見えないところを目指す。「自由、ね。圧倒的な自由、それだよね」

その人のキャンプのスタイルは、すみずみにいたるまで、その人のこだわりに満ちている。テントを張る位置にはじまり、薪の火のつけ方にいたるまで、その人がその時どうしたいかが徹底的に反映されている。どんな道具を持っていくか、——特別にあつらえた道具もある——、どんな食材を買うか、どうやって調理し、どんなふうに食べるか、そしていつ眠るか。

いつ、どこで、何を、なぜ、どうする、——「だれと」だけがない——のすべてが、その人の意思にもとづいておこなわれる。キャンプのあらゆる場面はその人次第でつくり出される。一分一秒たりとも、その人のものではない時間はない。時間の使い方は百パーセント、その人の自由なのだ。

百パーセント、自由に生きることの手軽な実践が「ソロ・キャンプ」なのだろう。「ソロ」だから、自由なのだ。一人だから、だれにも何にも縛られず自由なのだ。それをその人は「圧倒的な自由」と言う。キャンプ中その人は、「圧倒的な」幸福感をかもし出している。その人にとって、「ソロ・キャンプ」の時間はまぎれもない幸せな時間なのだろう。自由でいられることは、幸福の条件なのだ。

自分がしたいことを自由に、やりたいようにしていると楽しい。私たちは、自由に生きられれば幸せになれるのだ。一方、したくもないことをやらなければならないときはイヤな気分になる。義務を課せられたり、強制されたりして不自由を感じると不幸になるのだ。

ただし、自分が本当にしたいことを見つけるのは案外難しい。私たちは、まわりの人の期待や強制によって、本来自分がしたいことを見失っていることがあるからだ。

たとえば、子どもが一生懸命勉強するのは、勉強するのが好きだからだろうか。勉強していい成績をとれば、お母さんが喜んでくれるからではないのか。知らないことを知るのが好きで、心から勉強したいと思ってする子どもは自分の自由意思でそうすることを選んでいる。そんな子どもは、勉強することを楽しむことができるし、幸福を感じているだろう。でも、お母さんのために勉強する子どもは勉強することを楽しめないし、幸せでもないだろう。

社会や、自分以外の人の価値観からも自由でいなければいけない。人生を自分でコントロールできていると思えないと、幸福感は得られない。人生は短い。人の価値観を生きる暇はない。人の考えをなぞっている時間などない。

人生はこうでなければならないなどという決まりはないのだ。自分の頭で考えよう。表面ではなく、自分の心の一番奥底から聞こえる声を聞こう。

「自由からの逃走」

一方世の中には、その自由を、幸福の条件を、みずから進んで手放《てばな》す人たちがいる。

「ソロ・キャンプ」をはやらせた人も言っていたが、すべてを一人でやりたいようにやるということは大変なことでもあるのだ。難しい課題を、一人で乗り越えなければならないときがある。一人で考え、一人で決めて、一人で行動しなければならない。すべての責任を自分でとらなければならないのだ。だから、自由をあきらめてでも楽に生きたいという人がいても不思議はない。

エーリッヒ・フロムは、『自由からの逃走』で、ドイツにおいて人々がナチズムに傾倒していった原因について考察している。「自由からの逃走」とは、ごく簡単に言ってしまうと、第一次世界大戦のあと、ドイツにはふたたび民主的な社会がもどってきて、民衆には自由が与えられていたのに、人々はその自由を放棄して、ナチスに自らを捧げるようになってしまったことを言っている。当時のドイツの人々は、せっかく与えられた自由をもてあまし、力に依存して、楽をしようとしてしまったというのだ。

人々が、自分たちの自由を放棄してでも、強い力をもつと思われる指導者を支持するというのは現代でもあるのではないだろうか。皮肉なことに、自由の国と言われるアメリカでも、力を誇示する指導者が熱狂的に支持されるということが今もある。

幸福の条件でもある自由から逃走する。なぜそんなことをする人たちがいるのだろう。

フロムは著書の中で、力をもっている権威の側につくことによって、自分を守ってもらおうとする、権威と一体化することで、自分にも力があると思おうとする人たちがいることを述べている。そのような人たちは、自分の頭で考えて行動するのではなく、自分が信じる権威の言葉を信じ、権威の意向にそうように行動しようとするという。そしてそのような人たちのパーソナリティを「権威主義的性格」と呼ぶ。

権威主義的性格の人たちは、一人で考え、一人で決めて、一人で行動することができないが、それはそのような人たちが、自分には力がないと思っているからではないだろうか。生きていれば困難なことにぶつかる。中には自分の責任ではない理不尽な逆境もあるだろう。そんなとき、自分の力ではどうしようもないと打ちひしがれてしまうのもわからないではない。

けれどもだからと言って、権威にすがってよいことがあるだろうか。権威は支持者を救ってくれるだろうか。権威がそれ自体のためではなく、民衆のために働いてくれるなどということが本当にあるだろうか。

だれかを頼ると自由を失う。自由を失うと、自分の人生を自分でコントロールできなくなる。自分の人生を自分でコントロールできなくて、どうして幸せになれるだろうか。

自由でいるためには孤独を引き受けなくてはならないときがある。困難を一人で解決しなければならないときがある。それは難しいことではあるけれど、もしもできたなら、そのときには大きな喜びを得ることができる。自信が生まれる。自分のことが好きになる。

一人でいられるようになる

「一人でいられるようになることは、愛することができるようになるための一つの必須条件である」とエーリッヒ・フロムは言う。

もし、自分の足で立てないという理由で、誰か他人にしがみつくとしたら、その相手は命の恩人にはなりうるかもしれないが、二人の関係は愛の関係ではない。逆説的ではあるが、一人でいられる能力こそ、愛する能力の前提条件なのだ。（傍点引用者）

もちろんそれは簡単なことではない。一人でいるということ、たった一人でいるということ、本当の意味でこれができる人がいったいどれほどいるだろうか。本当の意味で、一人でいられる人というのはあまりいないだろう。つまり、世間に「愛の関係」は少ないということだ。

けれども、自分で自分の存在をささえることができないからと言って、だれかにしがみついてはいけない。ましてや、自分の優位性を確認するためにその相手を否定してはいけない。自分の人生をささえ、肯定するために、だれかを利用してはいけない。そんな関係は依存し合う関係であって、そこには支配と被支配があることになる。それは「愛の関係」ではない。

「愛の関係」は、お互いが自立していて、対等でなければ成立しないのだ。それぞれが自分で自分をささえることができ、一人でいても大丈夫でないといけない。

一人でいるというのは孤独であるということだ。孤独という言葉は暗いイメージをまとっていて、とかく忌避されがちなのだが、フロムの言うように、それが愛することができるようになるための条件の一つであるなら、歓迎しなくてはいけない。

しかし、私たちは孤独を恐れる。一人になることが怖くて、毎週末に予定を入れて、毎日だれかと連絡をとり合う。

平安時代末期の歌人・西行は、もとは鳥羽上皇に仕える北面の武士であったが、のちに出家して一人草庵に住み、また諸国をめぐって歌を詠んだ。

そんな西行の歌にこんなものがある。

さびしさに堪《た》へたる人の又もあれないほりならべん冬の山ざと

みずから孤独であることを選んだ西行であるが、寂しさを感じないというわけではなかったようだ。孤独であることをだれよりもよく知っていた西行であるが、同じように、孤独の意味を知っている人となら、友だちになりたいというのだ。

孤独であることには深い意味があり、そして高い価値がある。それは西行のように孤独に徹した人にしかわからないことである。けれども、もしもそんな孤独を知る人がもう一人いたのなら、いっしょにいて話が尽きないだろう。

それにしても、「いほりならべん」というのがいい。これはあくまでも別々に暮らすということだろう。いっしょに暮らしてしまうと、何かと依存し合う関係になってしまうかもしれない。だから、それぞれがきちんと独立していないといけないのだ。

西行が一人でいることの達人だったことは疑いないだろう。

一人でもいい

孤独を感じる人は幸いである。もともと人間はだれもが孤独で、そのことに気づけたということだからだ。そして気づけたということは、それだけ人間として成長し、進歩したということだからだ。

どうしてそうなのかはわからないけれど、私たちは、自分が人間として成長できたと思えると、とてもうれしい。気づきがあって、昨日の自分より、今日の自分のほうが進歩していると思えると満足する。気づきには喜びがともなう。何かを学ぶとうれしくなる。気づき、学んで人間としての成長を感じることは、私たちの喜びなのだ。

だから、依存し合う関係が破綻して一人になったとしても、孤独や不安を感じると同時に、なぜか達成感と不思議な満足感がある。

そして、本当の意味で一人でいられるようになったら、そこには新しい世界が広がる。出会う人が変わり、話す内容が変わり、築く関係性が変わる。

今一人になってしまっていても、それはそれでよいのだ。そこは到達点でありかつ、通過点である。そこから始まるのだ。

コミュニケーション能力の高い人は高く評価される。友達の多い人は性格も円満で好ましい、だれとでもうまくやっていける人は人間として優れている、などと思っている人が多い。だから、一人ぼっちでいるのは、人間として劣っているからだと感じさせられる。

だれとでもうまくつき合っていける人はすばらしい。たしかに、そのような考え方もあるだろう。でも、一人でもいいのだ。自分の外側にある価値観に惑わされる必要はない。自分の外側で、だれが何を言おうと、いちいち振り回されることはない。

だれかといっしょにいたあと、一人になったときに、解放感を味わったことはないだろうか。大勢でワイワイと騒いだあと、一人になって、ほっとしたことはないだろうか。だれかと話をするのは楽しいし、みんなで大笑いするのも楽しい。でも、その人たちと別れて一人になって、

「自由だー！」と、うれしくなったことはないだろうか。一人でいるときも実は快適なのだ。だれに気兼ねすることもなく、一人ぼっちは気楽で気ままだ。一人ぼっちの自由、それはそれで楽で幸せなことなのだ。

愛せるようになるために

エーリッヒ・フロムが言うように、愛せるようになるためには、一人でいられるようにならないといけない。そして、「一人でいられる」ということは、自分の存在の意味を自分の中に見出すことができるということだ。

私は、自分の存在の意味は、自分の中に求めるしかないと思っている。自分の外に自分の存在の意味を求めるということは、そこに依存をするということだからだ。そのような依存は幸福を生まない。

たとえばゆがんだナショナリストは、自分の外側にまず「国」を絶対的なものとして置き、その国に属することを自分の存在意義とする。優れた国の自分は、優れた人間なのだと思うのだ。「国」はその人の価値を保証してくれる。だから「国」が危機にあるとなったら、自分を犠牲にしても「国」を守らなければならないということになる。「お国のために」ということだ。しかし、国のためと称して、どれだけの人たちが犠牲になったことか。

それから、自分の外側にあるものに自分の存在の意味を見出すということは、それを自分のために利用するということだ。自分をささえるために、自分を肯定するために、自分を愛せるようになるために、それを利用するということだ。「だれかのために」という行動をするときは注意が必要だ。その人のためにと言いながら、その人を利用してはいないだろうか。

だれだって、利用されたいとは思わない。だれかに利用されたと思ったらいい気分にはなれない。自分を利用する人と仲よくしたいとは思わないだろう。人間は、手段にされることを望まない。手段ではなく、目的でありたいと思うのだ。純粋な意味で、「あなたのために」と言われたい。

「だれかのために」と言うときは、純粋に、その人自身のためでないといけない。「この人のために」と言ってその人を助ける。それは本当にその人のためだろうか。その人を助けるのは、その人を助ける自分には価値があると思いたいからなのではないか。その人のために、自分はいなくてはいけない存在なのだと思いたいだけなのではないか。

子どものために、と言って自分が我慢をする親の話を聞くことがあるが、それは本当に子どものためだろうか。その親は、自分の存在理由がほしくて、子どもにつくすのではないか。自己犠牲的な親は、かえって子どもにとっては重いものだ。子どもは自分のせいで親が不幸になっていると思わされる。自己犠牲的な親の子どもは、罪悪感をもたされる。

「この人のために」がそのようなものだったら、それはその人を利用しているのだ。自分の存在をささえるために、その人を利用している。二人の関係はもちろん愛ではなく、愛ではない不幸な関係はいずれ破綻するかもしれない。

愛せるようになるために、私たちは、まず、自分で自分の存在を、その根底から肯定できるようにならないといけない。どんな自分でもいいのだ。何ができてもできなくても、とりあえず、今の自分でいい。自分を肯定するために、理由を見つける必要はない。ましてや、自分を肯定するために、人を否定したり、利用したりしてはいけないのだ。

第五章　自分を愛するだけでいい

1、宇宙はすべてを受け容れる

自分の存在を肯定する

自分で自分の存在を、その根底からまるごと肯定できたなら、おだやかな幸福感を得ることができるだろう。

「ザクセン、シュワーベン、バイエルン、フリーセン、フランケン、チューリンガー。ドイツ国の基となった六つの種族。そこにぼくの父はいなかった」とユーリは言う。ユーリとは、萩尾望都の傑作漫画『トーマの心臓』の主人公である。

舞台は寄宿舎のあるドイツのギムナジウム（九年制の中・高等学校）で、十四歳のユーリは、周囲の生徒たちに対して心を閉ざしたまま日々を送っている。

まだ雪の残る早春、ユーリより一学年下の一人の少年が、ユーリに遺書を残して鉄橋から飛び降り自殺した。その少年、トーマの遺書には、「これがぼくの愛、これがぼくの心臓の音、きみにはわかっているはず」とあった。トーマは、ユーリが愛することを拒んでいることに気づいていた。トーマはユーリに「愛している」と言い続け、「死んでいるも同然」のユーリを「生かすため」自分の身を犠牲にしたのだ。

ユーリが疎外感をおぼえていた理由は、自分の出自にあった。彼の父親はギリシャ系で、ドイツの民族のどれにも所属していなかった。ユーリは黒髪で、ドイツ人の典型とされる金髪碧眼《へきがん》ではない。彼の母方の祖母はユーリのことを露骨に嫌い、金髪の妹と差別している。ユーリはそんな差別と偏見に対して、「よりいい子であるために」、「よりよいドイツ人であるために」、「努力してきた」という。

異邦人として生きざるをえないユーリが、もっとも受け容れがたかったのは自分自身だ。

「いい子」でいなくてはいけない、「よいドイツ人」でなくてはいけないという思いは、ありのままの自分を認めることとはほど遠い。ユーリは自分の存在をその根本から肯定することができなかった。愛することを拒んでいたユーリは、だれよりもまず、自分自身を愛していなかったのだ。

愛せないユーリは悪に惹かれる。上級生の不良グループに近づき、暴力によって凌辱《りょうじょく》され、徹底的に人格を否定される。そして、その経験がまたユーリを苦しめることになった。ユーリは、自分の中にある悪の芽を恐れつつ、自分自身を嫌悪するのだ。

トーマは冒頭で死んでしまうが、その愛は死なない。トーマの死後、トーマに顔がそっくりな転入生のエーリクがやってくる。トーマとエーリクは遠縁にあたるということがのちにわかるのだが、二人はあらゆる意味で本当によく似ていた。トーマの愛はエーリクに引き継がれたかっこうになり、エーリクとの交流の中で、ユーリは少しずつ変わっていく。

エーリクは天真爛漫《てんしんらんまん》で、自分の感情にもすなおだ。トーマのようにユーリに惹かれ、そのことを公言してはばからない。自分の価値を認めることができず、エーリクの気持ちにこたえられないユーリは、エーリクに殺意すら抱く。けれども、二人が真剣に向き合い、全身全霊でもってぶつかり合っているうちに、ある時ユーリは気がつく。エーリクは、「天国へいたる翼」をもたないと言うユーリに、自分の翼をあげると言う。自分は天国に行けなくてもいい、翼をあげるから天国のトーマのもとへ行くといいと言うのだ。その瞬間、ユーリはすべてを悟った。

「神さまは人がなんであろうといつも愛してくださってるということがわかったんです」

ユーリは幸福そうにそう言う。

トーマもエーリクも、ユーリが「なんであろうと」愛していた。そのことをトーマは訴えたかったのだ。そのためには自分の「からだが打ちくずれるのなんか、なんとも思わな」かったのだ。愛されること、存在の根本から肯定されること、そして自ら愛すること、これがなくては人間は生きていけないとトーマはわかっていた。だから、ユーリを「生かす」ために、自分は死んだのだ。

ユーリが気づいてからとそれまでとでは、ページに流れる空気があきらかに違う。作者の萩尾望都の力量に感服する。ユーリが気づいてからのページには、静かで穏やかな空気が描写されている。読んでいるこちらまで全身がゆっくりと洗われていくような気分になる。

『トーマの心臓』の舞台はキリスト教文化圏なので、ユーリの言葉には神さまが登場している。そしてユーリは、「よいドイツ人」になりたいという野心を捨て、神父になることを決意して学校を去り、物語は終わる。日本人にはなじみの少ないキリスト教の神という概念だが、作者が日本人であるからだろうか、ユーリの言う「神さま」は、不思議とすんなり受け容れることができる。ユーリの言う「神さま」のようなものはたしかにあって、それが自分も含めたすべての存在を受け容れているかもしれないと考えることができるのだ。

否定はない

私は現在、自分の母とは距離をとっている。けれどもそれは、母の存在自体を、私の人生から排除したということではない。私は母の存在を否定してはいない。むしろ肯定している。

私はあの母が、私の母であったということの意味がわかったような気がする。あの母がいて、あの母との関係があったから、今の自分があると思うのだ。おかげで私は多くのことを知ることができた。多くのことを学ぶことができて、その意味ではとても満足している。

母の存在が私に教えたことは、まず、自分で自分を否定してはいけないということだ。自分を肯定しなければいけない。愛さなければいけないのだ。

残念ながら、私の母は自分の子どもをありのままに受け容れることのできない母親だった。私は母の言う「いい子」でなければいけなかった。そして、私は自分がそんな「いい子」であるとは思えなかった。私はユーリのように、自分で自分を否定しながら生きるしかなかったのだ。

自分を肯定できないと、自分以外のものも肯定できない。人であれ、物事であれ、いつも否定的にしか見ることができなくなる。そうすると、自分ももちろん不幸になるし、そこに巻き込んでしまう人たちも不幸にしてしまう。愛せないということは致命的なのだ。

本当は、親が子どもの価値を充分に認めてやって、自分を愛することを教えてやれると一番いいのだが、そんなことのできる親は多くない。親自身が自分を肯定できていないことも多く、逆に子どもに自分を認めさせようとする親すらいる。そんな親にとって子どもは、「いい子」でなければ意味がないのだ。

ユーリは、「よりいい子であるために」、「よりよいドイツ人であるために」努力し、愛することと、愛されることを拒んで心を閉ざしていたが、「神さまは人がなんであろうといつも愛してくださってる」ということに気づいた。自らを憐れんで苦しんでいたときも、実は幸福だったのではないかと思えるようになった。

宇宙はすべてを受け容れる

この世では、とうてい受け容れ難い恐ろしいことがしょっちゅう起こる。自然災害で、なんの罪もない人たちが命を奪われる。いつもどこかで戦争をしていて、なんの責任もない子どもたちがむごたらしく殺される。長い、長い人間の歴史の中で、残酷なことや悲惨なことはとぎれたことがない。

そんな現実を見て、神さまなんていないと言うことは簡単だ。ユーリは「主のみまえで心から語りたい」と言って神学校へと去ったが、神さまなんているのだろうか、と。

ユーリの言うように、神さまが、人間がどうであれいつも愛してくれているというのなら、そんな神さまは、人間が何をしようとしまいと、ひたすら受け容れ肯定してくれるのではないだろうか。神さまは、人殺しの極悪人すら愛する。神さまは、極悪人の人殺しも認めるのだ。

ユーリの言う神さまは、人間を教え諭し、導く神ではない。人間と契約し、違反者を罰する神ではない。何が善で、何が悪であるとの判断とも無縁だ。何があろうとなかろうと、ひたすらあるがままにすべてを受け容れる神なのだ。

ユーリは心の安寧を得ることができた。ユーリは、神さまの存在を意識することによって絶対的な幸福の境地に到達したかに見える。ユーリがそのような境地にいたることができたのは、善悪の判断すらしない、すべてを肯定する神の存在を意識したからなのだ。

人間の心の苦しみが不幸を生む。ある人の心の苦しみという不幸が、周囲の人々を巻き込んで、また大きな不幸をつくる。不幸な人が不幸な人、不幸な状況をつくる。不幸な人間関係、不幸な恋愛、不幸な結婚、すべてそれぞれの心の苦しみから生まれてくる。

人間は幸福になるために、幸福にならなければならないのだろう。ユーリが幸福そうに笑うことができるようになるために、自分は幸福だったと思えるようにならなければならなかったように、幸福になるためには、自分の幸福に気づく必要があるのだろう。心が満たされる幸福な気持ちは不幸を駆逐《くちく》する。

ユーリの言う神さまは宇宙と言い換えることができるかもしれない。神の沈黙に比することのできる宇宙は、人間の営みのすべてを否定することなく、ただ沈黙してそこに存在している。人間に対する宇宙の否定はない。すべてを肯定するのだから何も言うことはない。人間の存在のすべてを受け容れ、すべてを許し、すべてを肯定して、沈黙したまま、宇宙はただそこにある。すべてを受け容れ肯定するのだから、そこには対立もない。

自分を愛するだけでいい

世界中の人たちが平和に、そして幸せに暮らせるようになるためには、結局、一人ひとりが本当の意味で自分を愛せるようになる必要があると思う。一人ひとりが、自分を愛するだけでいいのだ。飛躍しすぎだろうか。そんなことはない。この世のすべての対立の根っこに、だれかの、自分で自分を受け容れられないという問題が横たわっている。

自分を愛せない、自分を肯定できない人が、自分の優位性を確認しようと人をおとしめたり、差別したりするのだ。自分を価値ある存在だと思えない人が、自分を大きく見せようとして、人を支配して権力を誇示するのだ。戦争も富の独占も、不安も恐怖も、ずっとさかのぼれば、自分で自分を愛せない人が、人も愛せないということに起因する。嫉妬や憎悪や、貪欲などの悪感情も、すべてもとをたどれば自分を愛せないことから始まっている。愛されない子どもだった人が愛せない人になって、自分を憐れみ、人を傷つけるようになるのだ。

けれども、自分を愛する、自分の存在をその根本から肯定するということはとても難しい。とても、とても難しい。

実際私もそんな経験ばかりだ。先日もつまらない意地をはって大人げない行動をしてしまい、自己嫌悪におちいってしばらく立ち直れなかった。そんなときはどうしたらよいのか。

私たちは子どものころから、何かよくないことをすると、「そんなことをしてはいけない」と言われるだけではすまず、「そんなことをするあなたはよくない」という責められ方をしてきている。「あなたが悪い」という言い方をされ続け、失敗すると、「自分はダメだ」と自己否定するという思考回路ができあがってしまっている。

子育ての指南本にもよくあるように、やってしまったよくないことと、それをやった子どもとを切り離し、「あなたがやったことはよくないけれど、あなたが悪いわけではない。あなたはいいこともできるはずだ」と言ってもらえれば、失敗をしても自分を責めたり否定したりしないですむ。けれども、そう言ってもらえたかつての子どもは多くない。

大人になって、自分の育てられ方に問題があったと気づいたら、自分で自分を育て直しするとよいそうだ。失敗をして、自己嫌悪におちいったり自分を否定したりするのではなく、自分とやってしまったことを切り離し、やったことはよくないけれども、自分が悪いのではなく、これから同じことをしなければよいのだと、自分で自分に言ってやることだ。私もこれを何度もやって、元気を取りもどした。

自分を愛せないということは、自分の中に対立をかかえるということだ。自分を肯定したい自分とそれを否定する自分がいる。それは幸せなことではない。だからなんとか自分を肯定したいと思って、「私は悪くない。あなたが悪い」などと相手を否定するような手段にでてしまう。自分を愛せないと、人も愛せなくなってしまうのだ。

でも、そんなことをしなくても、自分を肯定することはできる。何があっても自分で自分を否定しないと決めるだけでよい。何をしてもしなくてもよい。どうあってもよい。とにかく、どんな自分でも愛すると決めればよい。第一、毎日一生懸命生きているではないか。これまでもがんばって生きてきたではないか。生きているだけでよい。それだけで充分だ。自分を否定する理由などそもそもない。

自分を愛することができるようになるだけで、心おだやかになれるし、幸せな気分になれる。

そしてそんな自分になれれば、人を愛することもできるし、人にも愛されるようになるはずなのだ。

2、生きることを愛する

「愛する」ことのできるもの

さらちゃんは中学校一年生の女の子で、もう長いこと空手を習っている。なかなかの腕前らしい。さらちゃんは独自の価値観と判断基準をもっていて、自分にとって本当に大切なものが何かを知っている。だから部屋の中ではスリッパをはかない。

そんなさらちゃんが、ある時空手のけいこ中に片足をケガした。その日、私は、歩きにくそうにするさらちゃんといっしょに家の外の通路を歩いていた。

「ああ、もうサンダルいらない！」

さらちゃんはそう言うと、ケガをして包帯を巻いているほうの足のサンダルを脱いで、片手にもった。そしてそのまま平気でスタスタと歩きだしたのだ。

「足の裏が汚れちゃうじゃない？　サンダルはかないと」とビックリして私が言うと、「いい。平気」と言って、さらちゃんはまったく気にしない。

「足の裏見てごらん、汚れてるよ」と私が言うと、さらちゃんは、はだしのほうの足をヒョイとあげて、足の裏を見た。真っ黒だった。

　その時、なぜだか私は急に幸せな気分になった。おかしくなって、次から次へと笑いがこみあげてきた。そしてそれと同時に、「なんてかわいいんだろう」と、さらちゃんを心の底からいとおしく思う気持ちがわきあがってきたのだ。

「猫みたいだなあ、はだしで歩いて」と言いながら私は、「さらちゃんはすばらしい！」と感動していた。

　さらちゃんの正直さが好きだ。さらちゃんの発言にも行動にも、いつも、なんのてらいもない。さらちゃんはいつだってさらちゃんのままだ。さらちゃんを見て、「ああ、これが子どもなんだなあ」と思う。

　私にとって子どもは、その存在の根底から肯定できるものだ。なぜだか理由はわからない。自分でも不思議なのだが、とくにここしばらくは、子どもに対して否定的な感情をもったことがほとんどない。どんな子どもも心の底からいとおしい。一人ひとり、心の中でギュッと抱きしめる。

ああ、こういう気分でずっといられたら、私は幸せになれるなあと思った。私はさらちゃんを心から愛している。愛することが私を幸せにしてくれる。

子どもたちにはずっと幸せでいてほしい。いつまでもその子らしく、毎日楽しく過ごしてほしい。

身近なところに、愛せるものはないだろうか。かならずしも人でなくてもいい。なんでもいい。愛せるものがあったら、それを全力で愛してほしい。愛を感じる時間は幸せな時間だ。愛せたら幸せになれる。幸せになれたら愛せる。愛することによって、好循環が生まれる。それこそ、そんな幸せなことはない。

人の欠点が気にならない

どうして私は愛せなかったか、その理由に気づいて、それでも私は少しずつ変わってきたのだろう。最近自分でも、「あれっ？」と思う変化がある。人の欠点が気にならなくなりつつあるのだ。

こちらの話は聞かないで、自分のことばかり話す人がいる。以前だったら内心イライラしながら聞いていた。「これってちょっとした自慢話だよね」などと思いながら聞いていた。もちろん、反論したり邪魔したりはしないのだけれど、それは私が寛容だからではなかった。ここでイヤそうにしても雰囲気が悪くなるだけだし、大人の対応をしないと、などと考えて、無理をしていたのだ。

ところが、先日久しぶりにその人に会った時、何かが違っていた。その人が変わっていたのではない。その人はあいかわらず自分の話ばかりしていた。それなのに、不思議なことに、私はあまり気にならなくなっていたのだ。「おお、○○ちゃん、元気だね！」などと思いながら、その人の話をおだやかな気持ちで聞くことができていた。

大きな変化ではない。たまたまかもしれない。その時たまたま自分の心に余裕があっただけなのかもしれない。そうも思ったのだけれど、そのあと別の人に会った時もやはり、私は寛容だった。

その人は、つねに場を支配しようとする人だったから、いっしょにいると合わせるのがたいへんだった。強引で気まぐれなところもあるので、まわりにいる人は振り回されるのだ。もちろん、その人がいるから実現したことばかりで、リーダーとしては優秀なのだけれど、正直うんざりしたこともあった。

久しぶりに会ったその人も、まったく変わっていなかった。その日にしたことを、早口でまくし立ててくる。そして、私はそんなことは気にならなくなっていた。

英語で「寛容な」を意味する言葉は二つある。generous と tolerant だ。英会話を習っていた時に講師に尋ねたら、二つの言葉が意味する内容には違いがあるとのことだった。tolerant は、本当は不快なのに、そんな態度を見せてはいけないと思うから我慢して平然とふるまうときに使う言葉、generous はそんな無理をしないでも自然に許せてしまうときに使う言葉だということだ。二人に対する私の態度は、以前は tolerant だったものが generous に変わりつつあると言ってもいいだろうか。

私は人に期待しなくなりつつあるのかもしれない。人に「こうあってほしい」、「こうしてほしい」とあまり思わなくなった。むしろ、「どうあってもいいよ」と思う。これはもしかしたら、自分自身に対してもそんな気持ちになっているということなのかもしれない。自分にも、「こうでなければいけない」と思うことが少なくなったように思う。

自分の嫌《いや》なところを相手の中に見て、それを嫌う。ある人の欠点が気になるときは、自分の中にも同じものがあるという。それがなくなりつつあるというのは、私の中に欠点がなくなりつつあるということか。そうではない。そうではなくて、欠点があっても、気にならなくなってきたということではないか。

私は、欠点のある自分を許せるようになってきたのかもしれない。自分を許せるから、人も許せる。自分を許せないから人も許せなかったのだ。

私は自分自身に対して寛容（generous）になってきていると思う。自分に寛容になると、人にも寛容になれる。人に寛容になれれば、その人とのつき合いもうまくいかないはずがない。人間は変われる。より幸せな方向に、物事を変えることができるのだ。人生は案外自分次第だ。幸も不幸も自分次第なのだ。

感覚を楽しむ

心理的にも物理的にも、自分を支配し束縛していたものから自由になると、感覚が鋭くなる。これは本当に不思議なことだけれど、支配や束縛から逃れ、本来の自分にもどると、まず五感が研《と》ぎ澄《す》まされる。私は、自分を支配し縛っていたものに気づいたあと、木々の緑がそれまでより格段に美しく見えてビックリしたことがある。食べるものもそれ以前よりおいしく感じた。ただゆでただけのブロッコリーを、「おいしいなあ」としみじみ思いながら食べた。

生きることは、感覚を楽しむことかもしれない。夏、涼しい風にあたって、「ああ、気持ちいい」と思う。冬、あたたかなお風呂に入って、「ああ、あったかい」と思う。ささやかなことだけれど、毎日何かしら自分の感覚を楽しませてくれることがある。もちろんもう少し意識をして、自分の感覚を楽しませることもできる。音楽を楽しむ人は多い。それから、美食を楽しむ人も。

私はもともと料理することが嫌いではなかったから、自分で料理して、それを食べて楽しんでいる。だれかのために料理しなければならないと考えると、料理も義務になってしまって重いのだが、自分のためだけにするとなると何の制約もない。やる気がなければやらなくてもいい。もちろん失敗してもいい。

ご飯がおいしい。そう思えることをあらためて考えてみると、ありがたいことばかりだ。ご飯がおいしいのは、食欲があるからだ。ご飯がつくれるのは食材が売られているからだ。食材を買うことができるからだ。そして、コンロがあって、流しがあって、鍋があって、包丁とまな板があって、手がつかえて、食べたいものを、自分で好きなように料理できるからだ。

葉っぱの緑が美しい。花の香りがかぐわしい。そして、ご飯がおいしい。なんと幸せなことか！「今、ここ」に集中する。今、ここの瞬間を、五感をつかって存分に味わう。五感をつかうと、それらの一瞬、一瞬が生きてくる。まさに「今を生きる」ということになる。自分の感覚は自分だけのものだ。感覚をつかって今この瞬間を楽しむというのは、自分の人生を自分のものだけにするということだ。自分の人生を生きるということなのだ。

五感をフル活用してこの世に存在してみると、楽しめることがたくさんあることに気づく。まだまだやりたいことがたくさんあったことを思い出す。その中の、できることからやればいい。今行ける、行きたいところに行き、見たいものを見なければ。まだまだできることはたくさんある。自分を憐れんだり、だれかを恨んだりしている時間はない。

だれかといっしょに食べれば、おいしいものはよりおいしいと言われる。「おいしいね」と言い合いながら食べられるからだ。たしかにそうだ。でも、おいしいものは、一人で食べてもおいしい。一人で見ても美しいものは美しい。一人でいても楽しい時は楽しい。もちろん、だれかといっしょでもいい。でも、一人でもいい。とにかく、楽しむことを忘れないことだ。だれのためでも、何のためでもない。ただ、自分のために楽しむこと。楽しむことを自分に許す。

無理はしなくてもよいのだ。自分にできることをやればいい。楽をすることに罪悪感をおぼえる必要はない。日本には、無理をしてでもがんばることを美しいとする価値観がある。でもそれは違う。無理をして、かえって事態が悪化することだって多いのだ。理不尽なことには耐えなくてもいい。重すぎる責任を負う必要はない。あらゆる意味で、自分のペースで生きればいいのだ。

そして、生きることを楽しむ。今この瞬間に集中して楽しむこと。感覚を楽しむことは生きることを楽しむことだ。生きることを楽しむことは、生きることを愛することだ。

幸せになるということ

さらちゃんと、戦争について話したことがある。

「戦争する人ってどういう人だと思う？」

と私が聞いたら、

「本当は弱い人だと思う」

と、さらちゃんは答えた。さらちゃんはなんでも、本当のことを知っているのだ。

戦争をするような人は、戦争をすることで自分の力をアピールするのだろうけれど、それは、「自分は、本当は弱い」と言っているようなものだ。自分には力があるとわかっている人は、そんなふうに力を誇示する必要を感じない。

戦って強さをアピールする人は、自分の弱さを受け容れられない人だ。自分は弱くない、だから、勝ってその強さを証明して見せる、そう思って戦うのだろう。戦争をするような人は、今あるがままの自分を受け容れられないで、強い自分、大きい自分になりたいと思い続ける人だ。今の自分に満足できない不幸な人なのだ。

戦争をするような人は、自分は強いと思うことができれば幸せになれると考えているのだろう。

「自分は強い」と信じることができれば、心が落ち着き、安らぐと思っているのだろう。「戦争をして幸せになんてなれるはずがない」、と多くの人は思う。けれども、その人は、それが自分を幸せにする一番いい方法だとしか考えられないのだろう。

この世界のだれもが、幸せになりたいと思って生きていると私は思う。だれもが幸せになりたい。幸せになろうと思って、毎日懸命に生きている。努力して、幸せを実現した人もいるだろう。でも、頑張れば頑張るほど、幸せから遠ざかってしまう人も多い。そんな人は、何かを間違えているのだ。ではどうしたら幸せになれるだろう。

幸せな人が幸せな世界をつくる

幸せな瞬間とは、肯定できる瞬間だ。「これでいい」と、心から思える瞬間だ。これまでに「これでいい」と心から思えた瞬間はなかっただろうか。

きれいに晴れた五月のある日、暑くもなく寒くもない戸外で、とても心地のいい昼前の空気を吸い、「なんて気持ちがいいんだろう」と思う。「今日はいい日だなあ」としみじみ思う。そんな瞬間のことだ。ささいなことではあるけれど、そんな瞬間のそんな気持ちがまさに「幸せ」だ。

もちろんそんな幸せは、文字どおり一瞬のもので、もしかしたら、次の瞬間には去ってしまうかもしれない。心を離れない悩み事が、次の瞬間には思い出されて、そんな幸福感は消えてしまうかもしれない。それでも、新緑の五月、さわやかな空気を吸った一瞬はたしかに幸福を感じた。その瞬間はたしかに幸せだった。その幸せはたしかに、自分の、自分だけのものだったのだ。

生きていれば、困難なことにかならず出合う。だから、ずっと満たされた幸福な気持ちでい続けるというのは難しい。だからこそ、瞬間ごとにささやかな幸福を見つけ、積み重ねていくしかないのではないだろうか。そして、ある時全体を見渡して、「ああ、これでいいんだ」と思えたら、その人は幸せだと言える。幸せとは、肯定できることなのだ。

逆境の中にあっても、幸せを感じる瞬間はある。五感を全開にして、世界を味わっていれば、幸せな瞬間にかならず出合える。それがたとえ一瞬のことであっても、その幸福は自分のものだ。

幸福を感じることのできる自分を信じたい。幸福を感じることのできる自分の力を信じて、明るいほうへ明るいほうへと歩いていこうと思う。

自分から幸せになろうとすることと、自分だけ幸せになろうとすることとはまったく違う。幸せになろうと思っていい。幸せな人が別の幸せな人をつくって、それがくり返されることによって、幸せな社会ができる。自分から幸せになる努力をしよう。

戦争以上の不幸はこの世にない。災害や疫病と違って、百パーセント人間がつくり出す不幸であるところが不幸だ。不幸は、不幸な人によってつくられる。だから大人は不幸な子どもをつくってはいけないのだ。不幸な子どもは不幸な人になって、不幸をつくる。

不幸とは、まず、ありのままの自分を受け容れることができないことだ。自分で自分を肯定できないことだ。自分を愛せないことだ。そんな子どもをつくってはいけない。

自分の存在をその根底から肯定できたなら、それは幸せだ。自分を肯定できること、つまり自分を愛せることが幸せだし、それが幸せになることにつながる。否定が否定を呼ぶのなら、肯定は肯定を呼ぶ。不幸が不幸を呼ぶのなら、幸せは幸せを呼ぶのだ。

幸せな人が幸せな人をつくる。幸せな親が幸せな子どもをつくる。幸せな先生が幸せな生徒をつくる。幸せな人が幸せな世界をつくる。なんであれ、本当の意味で愛することのできる幸せな人の行く手には、幸せがあるはずなのだ。

この世界のすべての人が心から、自分のことを認め、受け容れ、愛せるようになるといいと思う。

本文中に登場する人物やエピソードは、私が、出合ったさまざまな人や出来事を、私なりの解釈をとおして再構成したものです。書かれている人物やエピソードがそのままのかたちで実在していたわけではありません。本文中の人物やエピソードはフィクションです。ですが、本書でもとりあげた小説の中の登場人物が、私にとって、この上なくリアルな存在であったように、再構成された人物やエピソードもまた、ひとつの現実です。

《本書で引用・参照した文献》

『ボヴァリー夫人』、フローベール著、生島遼一訳、新潮文庫、一九六五年一二月。

『サド侯爵夫人』、三島由紀夫著、新潮文庫、一九七九年四月。

『サド侯爵の生涯』、澁澤龍彦著、中公文庫、一九八三年五月。

『蓼喰う虫』、谷崎潤一郎著、新潮文庫、一九五一年一〇月。

『愛の幻想』、福島章著、中公新書、一九七八年三月。

『ふつうがえらい』、佐野洋子著、新潮文庫、一九九五年三月。

『津軽』、太宰治著、新潮文庫、一九五一年八月。

『甘えの構造』、土居健郎著、弘文堂、一九七一年二月。

『透谷全集第一巻』、北村透谷著、岩波書店、一九五〇年七月。

『だめんず・うぉ~か~』、倉田真由美著、扶桑社、二〇〇一年七月~二〇一三年六月。

『人間における自由』、E・フロム著、谷口隆之助・早坂泰次郎訳、東京創元社、一九五五年五月。

本書で引用・参照した文献

『私はそうは思わない』、佐野洋子著、ちくま文庫、一九九六年二月。
『シズコさん』、佐野洋子著、新潮文庫、二〇一〇年一〇月。
『自由からの逃走』、Ｅ・フロム著、日高六郎訳、東京創元社、一九五一年一二月。
『愛するということ』、Ｅ・フロム著、鈴木晶訳、紀伊國屋書店、一九九一年三月。
『トーマの心臓』、萩尾望都著、小学館文庫、一九九五年九月。

おわりに

いわゆる「毒になる親」に育てられると、子どもは成長してから愛情問題で苦労しがちだ。「毒になる親」は子どもの不幸をつくってしまうが、そのような親のつくる最大の不幸の一つが、子どもの愛情問題なのだ。

「毒になる親」は子どもを愛して育てることができていないので、その子どもたちは愛し方を知らない。だから、恋人ができたり、結婚したりしてからパートナーとの関係で悩むことがある。自分は相手を愛しているつもりなのに、相手がそれにこたえてくれない。パートナーとして選んではいけない相手を選んでしまい、不幸になる。しかも、それを何度もくり返す。

愛情問題で悩んだら、もしかしたら自分は、「毒になる親」に育てられたのではないかと疑ってみるといい。「毒になる親」の問題は愛情の問題なので、恋愛や結婚の中にもっとも凝縮された形であらわれる。かく言う私も、愛情問題で大失敗して自分の親が「毒になる親」だったということに気づいた一人だ。

愛情問題の失敗から学んだことはたくさんあって、多くの人に知ってもらいたいと思った。そして多くの人に、気づいて、本当の意味で幸せになってもらいたいと思った。前作『子どもの不幸をつくる親――愛せなくなる子どもたち――』(鳥影社)はそのような経緯でまとめたものだ。『子どもの不幸をつくる親』は、支配的な親からの解放と脱出がテーマだった。また、「毒になる親」が子どもに与える影響と、教育のありかたについて述べたものだった。それらはそれだけでも大きな問題で、たくさん気づきのあった「毒になる親」とその子どもたちの愛情問題については割愛せざるをえなかった。そこで今回は、前作ではふれることのできなかった「毒になる親」とその子どもたちの愛情問題を中心にまとめた。

私は子どものころから文学や漫画などのフィクションが好きだったのだが、そのことにも意味があったことを知った。作品の中に自分の問題をみていたのだ。今回、それらの作品を私の問題意識にそって読んでみるという例をいくつかあげた。自分の興味が自分のかかえていた問題と重なっていたという発見はまた、私をとても驚かせた。

長い時間をかけて私が学んだことは、一言でいえば、自分を無条件で受け容れること、自分を肯定する、つまり愛すること、それにつきるということだ。それができれば人も物事も愛せるようになる。自分を愛するだけでいいのだ。

自分を許せると人も許せる。自分を愛せると人も愛せる。そして愛していれば、愛するものから愛されるようになる。自分を愛することから始めれば、すべてがうまく回りだす。

恋愛はやはりしたほうがいいかもしれない。もしそれが苦しいものになったとしても、恋愛することによって、私たちはたくさんのことを学ぶからだ。

〈著者紹介〉
塩瀬晶子（しおせ　あきこ）
法政大学大学院人文科学研究科博士後期課程満期退学。
現在、学習塾で国語・作文指導にたずさわっている。

著書：『子どもの不幸をつくる親　—愛せなくなる子どもたち—』（鳥影社、2021 年）

愛せるようになるために
—依存でもなく、支配でもなく—

2024年7月29日初版第1刷発行
著　者　塩瀬晶子
発行者　百瀬精一
発行所　鳥影社 (choeisha.com)
〒160-0023 東京都新宿区西新宿3-5-12トーカン新宿7F
電話 03-5948-6470, FAX 0120-586-771
〒392-0012 長野県諏訪市四賀229-1（本社・編集室）
電話 0266-53-2903，FAX 0266-58-6771
印刷・製本　シナノ印刷

ISBN978-4-86782-084-1　C0095